새 연세한국어 말하기와 쓰기 1-1

연세대학교 한국어학당 편

연세대학교 출판문화원

머리말

연세대학교 한국어학당은 1959년에 설립된 한국 최초의 외국어로서의 한국어 교육 기관이다. 연세대학교 한국어학당은 그간의 역사와 명성에 걸맞게 다양한 한국어 교재 편찬 및 관련 연구를 해옴으로써 한국어 교육을 선도해 왔다. 지금까지 전 세계에서 온 약 150여 개국의 17만여 명에 이르는 한국어 학습자에게 한국어와 한국 문화를 가르쳐 왔으며, 최근에는 빠른 속도로 변화해 가는 교육 환경에 맞추어 오프라인 한국어 교육뿐만 아니라 온라인 한국어 교육 콘텐츠 개발에도 노력을 기울이고 있다. 이미 세계 각국의 한국어 학습자를 대상으로 글로벌 온라인 대중 공개 강좌(MOOC)를 개설하여 학습자들로부터 큰 호응을 얻었고 연세대학교 온라인 교육 혁신 플랫폼인 런어스(LearnUs)에도 최신 기술을 활용한 한국어 콘텐츠를 올려서 학습자들을 만나는 중이다.

연세대학교 한국어학당은 그간 일반 목적 한국어 학습자들뿐만 아니라 특수 목적 한국어 학습자들을 대상으로 정규과정, 단기과정, 대학 한국어 과정 등 다양한 교육과정을 개설 운영하면서 학습자의 요구에 부응하는 최상의 교재를 개발해 왔다. 이러한 교재들은 국내외의 한국어 교육 기관에서 교사와 학습자들의 다양한 요구를 충족시키며 양질의 한국어 교수·학습을 위해 널리 사용되고 있다.

연세대학교 한국어학당은 그간 가장 큰 호응을 받아 왔던 '연세한국어' 1급~6급의 뒤를 이을 새로운 교재로 '새 연세한국어' 시리즈를 기획 출간하게 되었다. 이 교재의 개발을 위해 한국어 교육 현장 경험이 풍부한 전문 한국어 교육학자 및 교사들이 대거 투입되었고 최상의 한국어 교수법 및 학습자 집단의 요구에 대한 이해를 바탕으로 개발 작업이 장기간에 걸쳐 수행되었다.

이번에 출간된 '새 연세한국어' 시리즈는 총 6단계로 각 단계마다 어휘와 문법 교재, 말하기와 쓰기 교재, 듣기와 읽기 교재로 구성되어 있다. '새 연세한국어 어휘와 문법'은 한국어 학습자들이 각 숙달도별로 가장 필수적으로 익혀야 하는 주요 어휘와 문법에 대한 이해와 활용을 중심으로 구성되었다. '새 연세한국어 말하기와 쓰기'는 원활한 한국어 의사소통을 위해 꼭 필요한 표현 기능을 수행할 수 있도록 말하기, 쓰기 과제를 중심으로 구성되었다. 또한 '새 연세한국어 듣기와 읽기'는 듣기, 읽기 과제를 중심으로 각 급별 숙달도에 적절한 이해 능력을 함양시킬 수 있도록 구성되었다. 이 세 권의 교재는 어휘·문법, 표현, 이해 능력의 고른 발달을 위해 패키지로 함께 사용될 수도 있고, 교육 현장 여건이나 학습자의 요구에 따라 별도로 사용될 수도 있다. 또한 어휘와 문법 교재의 경우 별도의 지침서가 무료로 제공되므로 교육 경험이 다소 부족한 국내외의 한국어 교사들에게 유용한 길잡이가 될 수 있을 것이다.

연세대학교 한국어학당은 앞으로도 전 세계의 한국어 학습자들의 요구와 기대에 부응하는 교재 개발을 위해 최선을 다할 것이다. 아울러 본 교재가 국내외에서 한국어 교육을 위해 노력을 아끼지 않는 많은 교사와 한국어 학습을 위해 노력하는 모든 학습자들에게 크게 도움이 되기를 바란다.

연세대학교 언어연구교육원

한국어학당 교재편찬위원회

일러두기

01 이 책은 <새 연세한국어 **어휘와 문법 1**>, <새 연세한국어 **듣기와 읽기 1**>과 함께 한국어 초급 학습자들을 위한 교재이다. 특히 <새 연세한국어 **어휘와 문법 1**>에서 배운 문형과 어휘를 활용해서 말하기와 쓰기의 표현 연습을 할 수 있도록 구성되었다.

02 이 책은 한국어 초급 학습자들이 한국어로 말하고 쓸 수 있는 능력을 키우기 위한 표현 능력 개발 교재이다.

03 이 책은 총 20과이며 각 과는 2개 항으로 구성되어 총 40개 항이 있다. 그리고 2개 과마다 복습을 할 수 있도록 복습 10개 항을 구성했다. 각 항은 각각 50분 수업 분량으로 이 책은 총 50개 항으로 구성되어있다. 그리고 2개 항마다 한국 문화에 대한 소개가 있다.

04 이 책의 각 항은 '제목, 학습목표, 준비해 봅시다, 이야기해 봅시다, 써 봅시다'로 구성되었다. 복습항은 선행 학습된 2개 과의 주제와 기능, 어휘와 문법을 활용할 수 있도록 3개의 과제로 구성되어 있다.

05 이 책의 각 과의 제목은 <새 연세한국어 **어휘와 문법 1**>과 동일하다. 각 항의 제목은 해당 항의 내용 중에서 학습목표를 드러낼 수 있는 대표적인 문장을 사용했다.

06 학습목표는 '-에 대해서 이야기할 수 있다, 설명할 수 있다, 소개할 수 있다'와 같이 표현 기능이 드러나도록 기술했다.

07 '준비해 봅시다'는 각 항의 들어가기에 해당된다. 삽화를 제시해서 학습자들의 이해를 돕고 2개의 질문을 통해서 각 항의 구체적인 내용을 예측해 볼 수 있도록 구성했다. 1과에서 5과까지는 2개의 질문이 모두 삽화와 관련된 것이다. 6과에서 20과까지는 삽화와 관련된 질문 1개와 학습자들의 상황에 맞춰 대답할 수 있는 질문 1개로 구성되어 있다.

08 '이야기해 봅시다'는 <새 연세한국어 **어휘와 문법 1**>에서 공부한 내용을 주제와 관련해서 말해 볼 수 있는 말하기 연습으로 구성되어 있다. 초급 학습자들의 흥미를 끌고 실제성을 높일 수 있도록 목표 말하기 상황이 드러나는 삽화를 제시했다. 또한 학습자들의 이해를 돕기 위해서 연습마다 전형적인 대화의 예시를 <보기>로 제시했다.

09 '써 봅시다'는 '쓰고 발표하십시오, 이야기하고 쓰십시오'와 같이 말하기 활동과 쓰기 활동을 연계한 연습으로 구성되어 있다. 말하기 연습의 대화뿐만 아니라 쓰기 연습의 예시도 <보기>로 제시해서 학습자들에게 도움을 주고자 했다.

10 '복습'은 3개의 연습으로 구성되어 있다. 앞선 2개 과에서 배운 어휘와 문법, 주제를 통합해서 길게 말하고 쓸 수 있는 연습으로 구성되어 있다.

11 '문화'는 한국의 문화를 소개하고 관련된 한국어 표현을 제시해서 학습자들이 활용할 수 있도록 구성했다.

12 모든 연습은 학습자들이 자신의 한국어 능력 수준에 맞춰 다양하게 표현할 수 있도록 정답이 하나가 아닌 열려 있는 질문으로 구성했다. 또한 자신의 상황으로 확장해서 연습할 수 있도록 일반적이고 전형적인 상황을 제시했다.

13 새로 나온 어휘는 해당 페이지의 하단에 제시했다. 또한 부록에 새로 나온 모든 어휘의 목록과 해당 어휘가 사용된 항을 제시해서 학습에 도움을 주고자 했다.

단원구성

과	제목	학습목표	표현	문화
한글	모음 연습 1			
	자음 연습 1~4			
	받침 연습 1~2			
1과 인사와 소개	1. 저는 미국 사람입니다	이름과 국적을 말하고 자기소개를 할 수 있다	입니다 은/는[1]	인사말
	2. 저는 학생이 아닙니다	자기를 소개하고 직업을 설명할 수 있다	입니까? 이/가 아닙니다	
2과 물건	1. 저것이 지도입니다	교실에 있는 물건을 소개할 수 있다	이, 그, 저 이/가	
	2. 저는 교과서가 있습니다	가지고 있는 물건을 설명할 수 있다	이/가 있습니다(없습니다) 도	
3과 학교	1. 도서관이 어디에 있습니까?	학교 시설물의 위치를 설명할 수 있다	에 있습니다(없습니다) 은/는[2]	한국의 학교
	2. 교실이 작습니다	학교 시설물에 대해서 설명할 수 있다	과/와(하고) -습니다, -습니까?	
4과 친구	1. 유키 씨가 일본에서 왔습니다	친구를 소개할 수 있다	에서 오다 을/를	
	2. 유키 씨가 집에서 음악을 듣습니다	다양한 장소에서 하는 일을 설명할 수 있다	에서 과/와 같이(하고 같이)	
5과 고향	1. 저는 고향에 가고 싶습니다	하고 싶은 일을 설명할 수 있다	에 가다 -고 싶다	나이
	2. 경복궁은 조용하고 아름답습니다	장소와 사람의 특징을 설명할 수 있다	-지 않다 -고[1]	

과	제목	학습목표	표현	문화
6과 학교생활	1. 저는 오전에 한국어를 공부합니다	시간을 사용해서 일과를 설명할 수 있다	에[1] 부터 까지	나이
	2. 의자에 앉으십시오	학교생활을 이야기할 수 있다	-으십시오 -을까요?[1]	
7과 음식	1. 저는 한식을 좋아합니다	좋아하는 것을 말할 수 있다	무슨 ㄹ동사	한국인의 식사예절
	2. 몇 인분 주문할까요?	음식을 주문하고 음식에 대해서 설명할 수 있다	-을까요?[2] -읍시다	
8과 하루 생활	1. 저는 내일 바쁘지 않아요	날짜와 요일을 말할 수 있다	이에요 -어요	
	2. 저는 아침을 먹고 학교에 가요	하루 일과를 설명할 수 있다	-고[2] ㄷ동사	
9과 주말	1. 저는 주말에 친구들과 같이 농구를 해요	주말 활동에 대해서 이야기할 수 있다	-으러 -지만	서울의 과거와 현재
	2. 저는 집에서 쉴 거예요	여러 가지 계획을 말할 수 있다	-을 거예요 ㅂ동사	
10과 과거 일	1. 저는 작년 8월 20일에 한국에 왔어요	과거의 일을 설명할 수 있다	-었어요 안	
	2. 일이 많아서 친구를 만나지 못했어요	하지 못한 일을 이유와 함께 설명할 수 있다	-지 못하다 -어서[1]	

차례

등장인물 | Main characters

에릭 파커
- 미국
- 어학당 학생
- 한국전자 직원

존 카마우
- 케냐
- 어학당 학생
- 교환학생

사토 유키
- 일본
- 어학당 학생
- 기자

리타오
- 중국
- 어학당 학생
- 대학 입학 예정자

노라 한슨
- 노르웨이
- 어학당 학생
- 대학원 입학 예정자

최주앙
- 브라질
- 어학당 학생
- 대학 휴학생

응웬 흐엉
- 베트남
- 어학당 학생

레오 마르탱
- 프랑스
- 어학당 학생
- 요리사

올리비아 스미스
- 호주
- 어학당 학생
- 외교관

이윤아
- 한국
- 대학생

정하늘
- 한국
- 대학생

김우진
- 한국
- 한국전자 직원

한글

모음 연습 1

1. 쓰십시오.

아								
어								
오								
우								
으								
이								
애								
에								
외								
위								

2. 다음 단어를 쓰십시오.

오

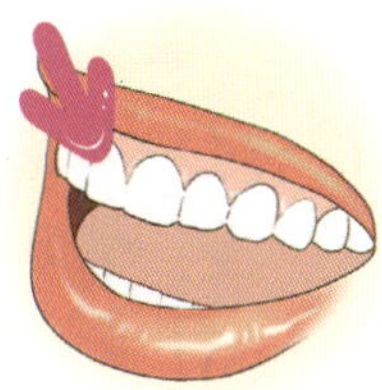

이

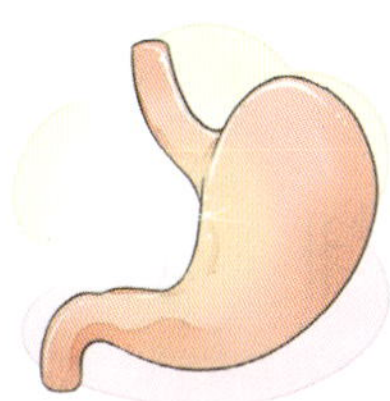

위

이

아이

오이

아우

우애

한글

자음 연습 1

1. 쓰십시오.

모음 / 자음	아	어	오	우	으	이	애	에	외	위
ㄱ	가	거	고	구	그	기	개	게	괴	귀
ㄴ	나	너	노	누	느	니	내	네	뇌	뉘
ㄷ	다	더	도	두	드	디	대	데	되	뒤
ㄹ	라	러	로	루	르	리	래	레	뢰	뤼

2. 다음 단어를 쓰십시오.

개

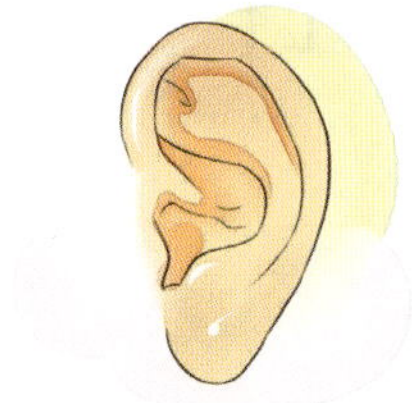
귀

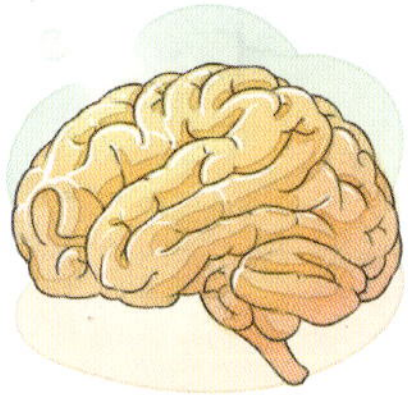
뇌

뒤

가 구

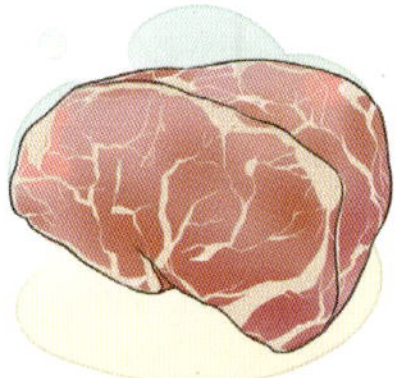
고 기

아 기

누 나

노 래

도 로

한글 :

다리

구두

가게

나라

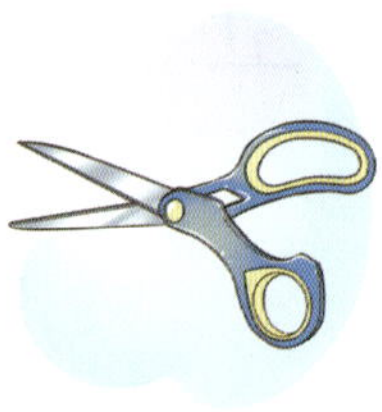

가위

거리

고래

개나리

그네

라디오

자음 연습 2

1. 쓰십시오.

모음 / 자음	아	어	오	우	으	이	애	에	외	위
ㅁ	마	머	모	무	므	미	매	메	뫼	뮈
ㅂ	바	버	보	부	브	비	배	베	뵈	뷔
ㅅ	사	서	소	수	스	시	새	세	쇠	쉬
ㅈ	자	저	조	주	즈	지	재	제	죄	쥐

2. 다음 단어를 쓰십시오.

새

쥐

머리

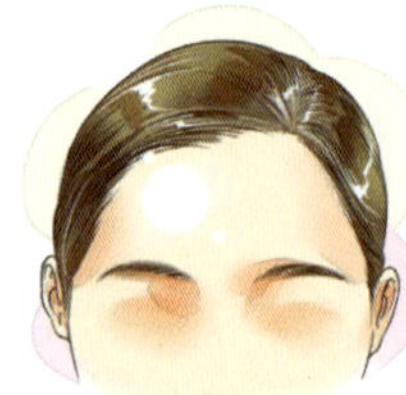

이마

모자

바지

개미

바다

비누

두부

수 저

배 우

모 래

어 머 니

지 구

아 버 지

주 스

바 나 나

소 리

지 우 개

자음 연습 3

1. 쓰십시오.

모음 자음	아	어	오	우	으	이	애	에	외	위
ㅊ	차	처	초	추	츠	치	채	체	최	취
ㅋ	카	커	코	쿠	크	키	캐	케	쾨	퀴
ㅌ	타	터	토	투	트	티	태	테	퇴	튀
ㅍ	파	퍼	포	푸	프	피	패	페	푀	퓌
ㅎ	하	허	호	후	흐	히	해	헤	회	휘

2. 다음 단어를 쓰십시오.

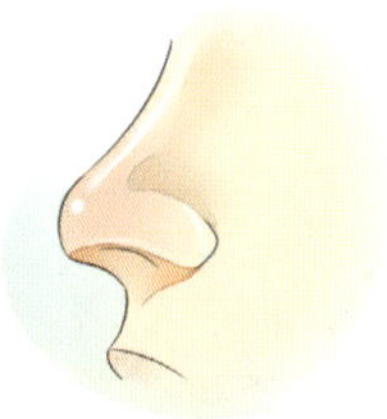

코

기 차

고 추

치 마

채 소

부 츠

조 카

커 피

파 리

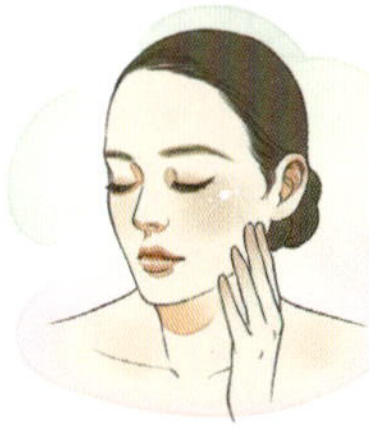

피 부

한글

외투

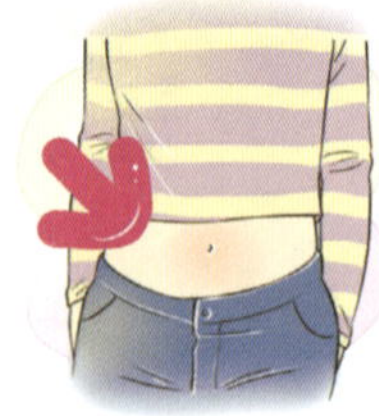
허리

회

케이크

후추

카메라

하마

피아노

호두

테니스

모음 연습 2

1. 쓰십시오.

야								
여								
요								
유								
애								
예								
와								
왜								
워								
웨								
의								

2. 다음 단어를 쓰십시오.

우 유

야 구

여 우

요 가

여 자

여 기

의 자

예 의

얘 기

기 와

과 자

시 계

돼 지

화 가

휴 가

세 계

교 회

샤 워

야 유 회

웨 이 터

한글

자음 연습 4

1. 쓰십시오.

모음 / 자음	아	어	오	우	으	이	애	에	외	위
ㄲ	까	꺼	꼬	꾸	끄	끼	깨	께	꾀	뀌
ㄸ	따	떠	또	뚜	뜨	띠	때	떼	뙤	뛰
ㅃ	빠	뻐	뽀	뿌	쁘	삐	빼	뻬	뾔	쀠
ㅆ	싸	써	쏘	쑤	쓰	씨	쌔	쎄	쐬	쒸
ㅉ	짜	쩌	쪼	쭈	쯔	찌	째	쩨	쬐	쮜

2. 다음 단어를 쓰십시오.

아 빠

오 빠

꼬 마

뽀 뽀

꼬 리

뿌 리

짜 다

따 다

토 끼

까 치

한글

끄 다

삐 다

싸 다

찌 다

아 저 씨

빠 르 다

때 리 다

예 쁘 다

코 끼 리

꾀 꼬 리

1. 쓰십시오.

	아	어	오	우	으	이	애	에	외	위
ㄱ	가									
ㄴ		너								
ㄷ			도							
ㄹ				루						
ㅁ					므					
ㅂ						비				
ㅅ							새			
ㅇ								에		
ㅈ									죄	
ㅊ										취
ㅋ									쾨	
ㅌ								테		
ㅍ							패			
ㅎ						히				

한글

	야	여	요	유	얘	예	와	왜	워	웨	의
ㄱ											긔
ㄴ										눼	
ㄷ									둬		
ㄹ								뢔			
ㅁ							뫄				
ㅂ						볘					
ㅅ					섀						
ㅇ				유							
ㅈ			죠								
ㅊ		쳐									
ㅋ	캬										
ㅌ		텨									
ㅍ			표								
ㅎ				휴							

받침 연습 1

1. 쓰십시오.

	가	나	다	라	마	바	사
ㄱ	각	낙	닥	락	막	박	삭
ㄴ	간						
ㄷ	갇						
ㄹ	갈						
ㅁ	감						
ㅂ	갑						
ㅅ	갓						
ㅇ	강						
ㅈ	갖						
ㅊ	갗						
ㅋ	갘						
ㅌ	같						
ㅍ	갚						
ㅎ	갛						
ㄲ	갂						
ㅆ	갔						

	아	자	차	카	타	파	하
ㄱ	악	작	착	칵	탁	팍	학
ㄴ	안						
ㄷ	앋						
ㄹ	알						
ㅁ	암						
ㅂ	압						
ㅅ	앗						
ㅇ	앙						
ㅈ	앚						
ㅊ	앛						
ㅋ	앜						
ㅌ	앝						
ㅍ	앞						
ㅎ	앟						
ㄲ	앆						
ㅆ	았						

2. 다음 단어를 쓰십시오.

학교

낚시

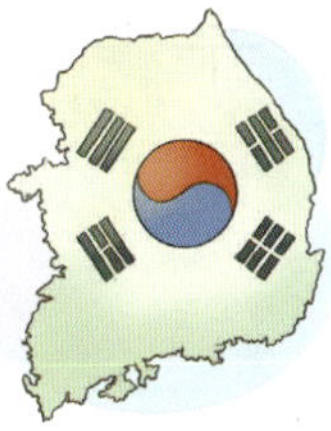

한국

듣다

달력

김밥

씻다

옷장

냉면

낮잠

한글

꽃 병

부 엌

햇 볕

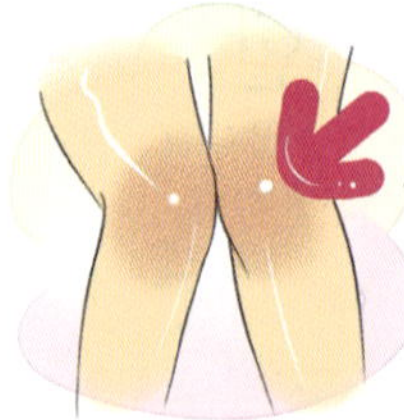

무 릎

히 읗

있 다

선 생 님

관 광 객

경 찰 관

설 렁 탕

받침 연습 2

1. 쓰십시오.

받침	소리	단어			
ㄳ	ㄱ	몫			
ㄺ		읽	다		
ㄵ	ㄴ	앉	다		
ㄶ		않	다		
ㄼ	ㄹ	넓	다		
ㄽ		외	곬		
ㄾ		훑	다		
ㅀ		잃	다		
ㄻ	ㅁ	젊	다		
ㄼ	ㅂ	밟	다		
ㄿ		읊	다		
ㅄ		없	다		

한글 :

2. 다음 단어를 쓰십시오.

품삯

얹다

많다

끊다

찰흙

긁다

밝다

맑다

닭장

수탉

여 덟

짧 다

얇 다

끓 다

뚫 다

앓 다

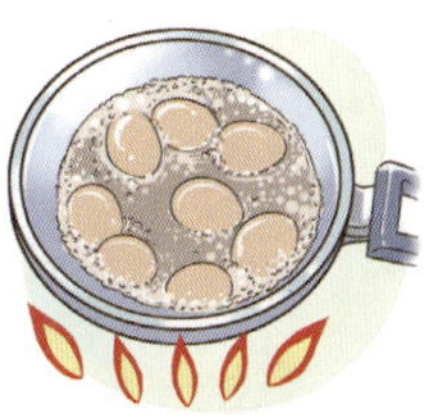

삶 다

닮 다

물 곬

옷 값

새 연세한국어

말하기와 쓰기 1-1

01 1과 인사와 소개

1. 저는 미국 사람입니다

• 학습목표: 이름과 국적을 말하고 자기소개를 할 수 있다.

Ⅰ. 준비해 봅시다

- 어디입니까?
- 어느 나라 사람입니까?

야기해 봅시다

1 그림을 보고 보기 와 같이 이야기하십시오.

보기

한국 사람입니다. 김민호입니다.

국적 이름 한국 중국 미국 영국 일본 자메이카 프랑스 케냐 인도 사람

2 그림을 보고 보기 와 같이 쓰고 이야기하십시오.

보기

에릭 씨입니다. 에릭 씨는 미국 사람입니다.

연습하기

1. ＿＿＿＿ 입니다. ＿＿＿＿ 은/는 ＿＿＿＿ 사람입니다.
2. ＿＿＿＿ 입니다. ＿＿＿＿ 은/는 ＿＿＿＿ 사람입니다.
3. ＿＿＿＿ 입니다. ＿＿＿＿ 은/는 ＿＿＿＿ 사람입니다.
4. ＿＿＿＿ 입니다. ＿＿＿＿ 은/는 ＿＿＿＿ 사람입니다.
5. ＿＿＿＿ 입니다. ＿＿＿＿ 은/는 ＿＿＿＿ 사람입니다.
6. ＿＿＿＿ 입니다. ＿＿＿＿ 은/는 ＿＿＿＿ 사람입니다.
7. ＿＿＿＿ 입니다. ＿＿＿＿ 은/는 ＿＿＿＿ 사람입니다.
8. ＿＿＿＿ 입니다. ＿＿＿＿ 은/는 ＿＿＿＿ 사람입니다.

씨 베트남 호주 노르웨이 브라질

III. 써 봅시다

1 보기 와 같이 자기소개를 쓰고 발표하십시오.

보기

안녕하십니까? 처음 뵙겠습니다.

제 이름**은** 에릭 파커**입니다**.

저**는** 미국 사람**입니다**.

반갑습니다.

안녕하십니까 처음 뵙겠습니다 제 저 반갑다

01과 인사와 소개

2. 저는 학생이 아닙니다

• 학습목표: 자기를 소개하고 직업을 설명할 수 있다.

Ⅰ. 준비해 봅시다

• 누구입니까?

• 직업이 무엇입니까?

이야기해 봅시다 1 그림을 보고 보기 와 같이 질문하고 대답하십시오.

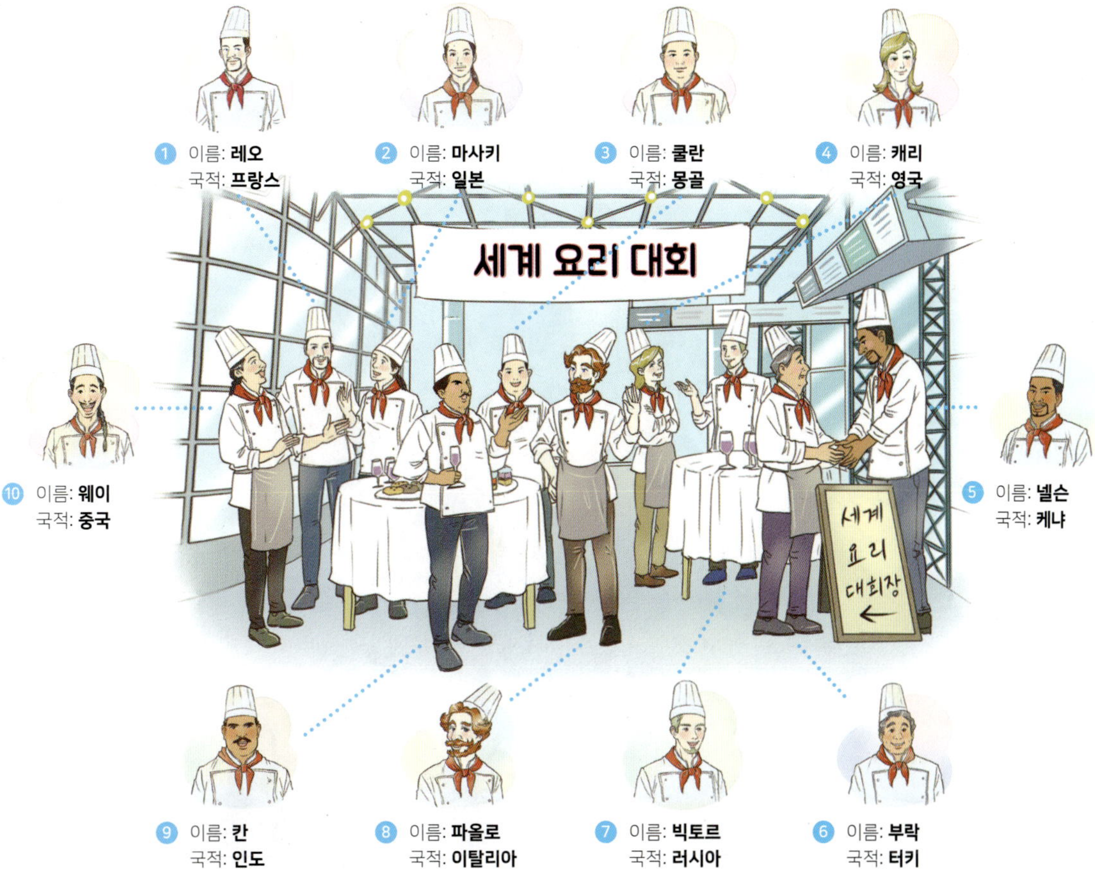

보기

마사키: 안녕하십니까?

레　오: 네, 안녕하십니까? 처음 뵙겠습니다.

마사키: 저는 마사키입니다. 이름이 무엇입니까?

레　오: 저는 레오입니다.

마사키: 레오 씨는 어느 나라 사람입니까?

레　오: 저는 프랑스 사람입니다.

마사키: 반갑습니다.

몽골　이탈리아　러시아　터키　무엇　어느　나라　네

2 그림을 보고 보기 와 같이 반 친구를 소개하십시오.

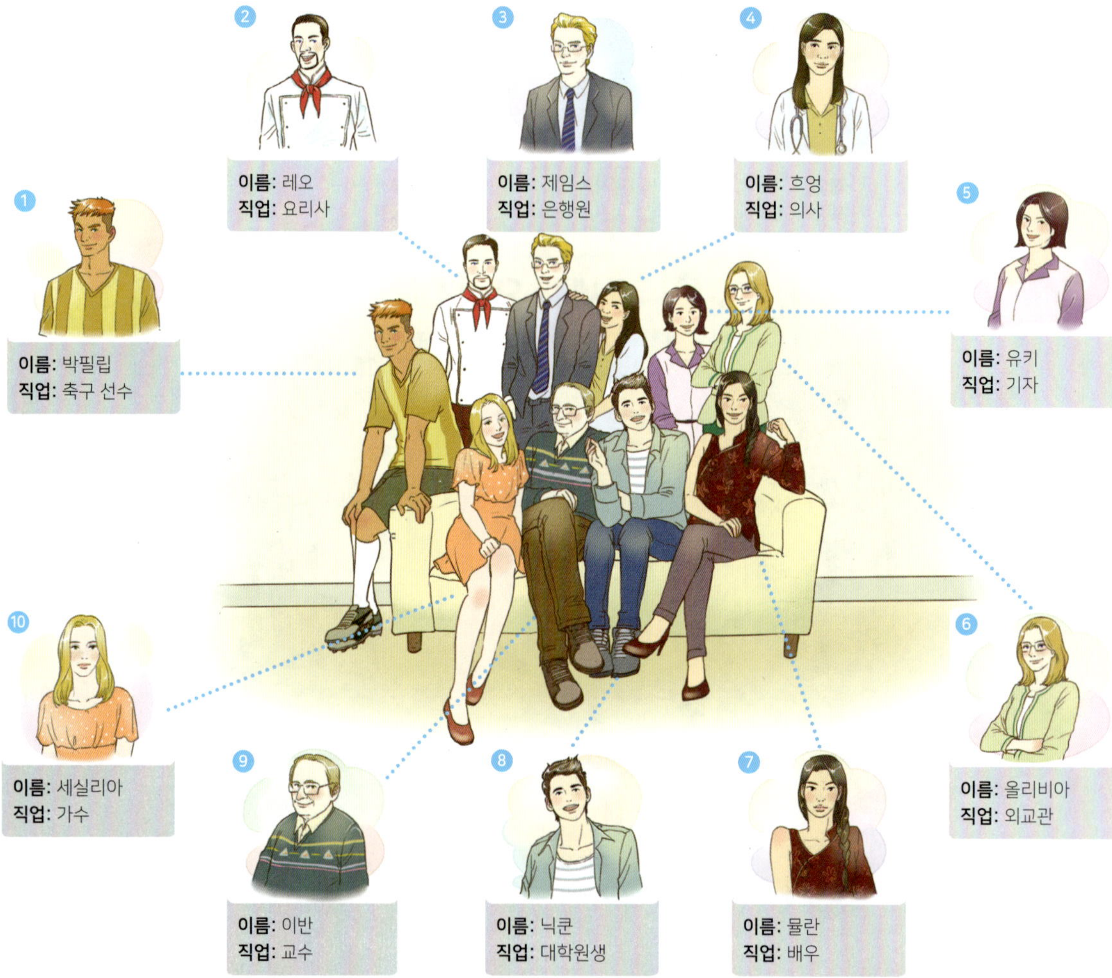

보기

친구: 누구입니까?

에릭: 제 친구 박필립 씨입니다.

친구: 박필립 씨는 학생입니까?

에릭: 아니요, 학생이 아닙니다. 축구선수입니다.

친구: 아, 그렇습니까?

직업 축구 선수 요리사 은행원 의사 기자 외교관 가수 교수
대학원생 배우 누구 친구 아니요 그렇다

Ⅱ. 써 봅시다

친구를 그리고 보기 와 같이 친구 소개를 쓰십시오.

이름: 유미

국적: 일본

직업: 회사원

제 친구 이름은 유미입니다.

제 친구는 한국 사람**이 아닙니다.**

일본 사람입니다.

유미 씨는 학생**이 아닙니다.**

회사원입니다.

연습하기

이름:

국적:

직업:

02과 물건

1. 저것이 지도입니다

• 학습목표: 교실에 있는 물건을 소개할 수 있다.

Ⅰ. 준비해 봅시다

- 여기가 어디입니까?
- 무엇입니까?

야기해 봅시다

1 보기 와 같이 이야기하십시오.

보기

유키: 그것이 무엇입니까?

에릭: 이것이 지우개입니다.

유키: 그럼 저것이 무엇입니까?

에릭: 저것이 지도입니다.

그것 이것 지우개 그럼 저것 지도

2 보기 와 같이 쓰고 이야기하십시오.

보기

에릭: 이 모자가 제 모자입니다.

연습하기

1. **유 키:** 이 ________ 이/가 제 ________ 입니다.
2. **리타오:** 이 ________ 이/가 제 ________ 입니다.
3. **흐 엉:** 이 ________ 이/가 제 ________ 입니다.
4. **노 라:** 이 ________ 이/가 제 ________ 입니다.
5. **존 :** 이 ________ 이/가 제 ________ 입니다.

이 모자

보기 와 같이 이야기하십시오.

보기

선생님: 이 모자가 유키 씨 모자입니까?

학생들: 아니요, 그 모자는 유키 씨 모자가 아닙니다.
에릭 씨 모자입니다.

그

보기 와 같이 쓰고 발표하십시오.

보기

안녕하십니까? 저는 유키입니다. 저는 일본 사람입니다.

여기**가** 우리 교실입니다. **이것이** 제 책상입니다.

이것이 제 교과서입니다.

이 사람**이** 에릭 씨입니다. 미국 사람입니다.

이것이 에릭 씨 책상입니다. **이** 시계**가** 에릭 씨 시계입니다.

저것이 선생님 책상입니다. **저것이** 선생님 교과서입니다.

여기 우리 교실 책상 교과서 시계 선생님

연습하기

안녕하십니까? 저는 흐엉입니다.

02과

물건

2. 저는 교과서가 있습니다

• 학습목표: 가지고 있는 물건을 설명할 수 있다.

Ⅰ. 준비해 봅시다

- 누가 있습니까?
- 무엇이 있습니까?

이야기해 봅시다 1

보기 와 같이 이야기하십시오.

1 가방	2 휴대 전화	3 교과서	4 필통
5 연필	6 지우개	7 지갑	8 학생증
9 외국인 등록증	10 돈	11 화장품	12 휴지

보기

유키: 에릭 씨, 교과서가 있습니까?

에릭: 네, 저는 교과서가 있습니다.

유키: 시계가 있습니까?

에릭: 아니요, 저는 시계가 없습니다.

가방 휴대 전화 필통 연필 지갑 학생증 외국인 등록증 돈 화장품
휴지 있다 없다

2-2

2 보기 와 같이 이야기하십시오.

보기

마크: 책상이 있습니까?
리나: 네, 책상이 있습니다.
마크: 옷걸이도 있습니까?
리나: 네, 옷걸이도 있습니다.
마크: 가방도 있습니까?
리나: 아니요, 없습니다.

옷걸이

III. 써 봅시다

여러분의 방을 그리고 보기 와 같이 쓰고 발표하십시오.

보기

여기가 제 방입니다.
책상, 의자**가 있습니다.**
가방, 책, 공책**도 있습니다.**
침대**가 없습니다.**

연습하기

방 의자 공책 침대

복습 1-2과

1 다음 문장을 사용해서 대화를 완성하십시오.

직업이 무엇입니까?	어느 나라 사람입니까?	반갑습니다.
이름이 무엇입니까?	안녕하십니까?	

흐엉: ________________.
레오: 네, 안녕하십니까?
흐엉: ________________.
레오: 제 이름은 레오입니다.
흐엉: ________________.
레오: 프랑스 사람입니다.
흐엉: ________________.
레오: 요리사입니다.
흐엉: ________________.
레오: 네, 저도 반갑습니다.

이름: 레오
국적: 프랑스
직업: 요리사

• 그림을 보고 위와 같이 서로 소개하십시오.

이름: 세실리아
국적: 노르웨이
직업: 가수

이름: 유키
국적: 일본
직업: 기자

이름: 에릭
국적: 미국
직업: 회사원

이름: 닉쿤
국적: 태국
직업: 대학원생

2 그림을 보고 보기 와 같이 이야기하십시오.

보기

유키: 여기가 우리 교실입니다.
마크: 달력이 있습니까?
유키: 네, 달력이 있습니다.
마크: 시계도 있습니까?
유키: 네, 시계도 있습니다.
마크: 이것이 유키 씨 필통입니까?
유키: 아니요, 그것이 제 필통이 아닙니다.
미나 씨 필통입니다.

3 다음 질문으로 친구와 이야기하십시오. 그리고 보기 와 같이 쓰고 발표하십시오.

- 이름이 무엇입니까?
- 어느 나라 사람입니까?
- 직업이 무엇입니까?
- 이것/그것/저것이 무엇입니까?
- 이것/그것/저것이 ______ 입니까?
- 그 ______ 이/가 ______ 씨 ______ 입니까?
- 누가 ______ 입니까?
- ______ 이/가 있습니까? ______ 도 있습니까?

보기

제 이름은 최주앙입니다.
저는 브라질 사람입니다.
연세대학교 한국어학당 학생입니다.
저는 미국 친구가 있습니다.
일본 친구도 있습니다.
제 일본 친구 이름이 유키입니다.
유키 씨는 기자입니다.

문화

인사말

한국어는 상황에 따라 쓰는 인사말이 아주 다양합니다.
인사를 할 때는 고개를 숙여서 인사하면서 말합니다.
한국의 여러 인사말을 연습해 봅시다.

상황	인사말
만났을 때 하는 인사말	안녕하십니까? 잘 지내셨습니까?
헤어질 때 하는 인사말	안녕히 계십시오. 안녕히 가십시오.
고마울 때 하는 인사말	고맙습니다. 감사합니다.
미안할 때 하는 인사말	미안합니다. 죄송합니다.
처음 만나는 사람에게 하는 인사말	처음 뵙겠습니다. 만나서 반갑습니다.
식사 때 하는 인사말	잘 먹겠습니다. 잘 먹었습니다.
손님이 왔을 때 하는 인사말	어서 오십시오.
잠자기 전에 하는 인사말	안녕히 주무십시오.

03과 학교

1. 도서관이 어디에 있습니까?

• 학습목표: 학교 시설물의 위치를 설명할 수 있다.

Ⅰ. 준비해 봅시다

- 어디입니까?
- 무엇이 있습니까?

야기해 봅시다

1 그림을 보고 보기 와 같이 이야기하십시오.

보기

하늘: 도서관이 어디에 있습니까?

윤아: 학생회관 앞에 있습니다.

도서관 학생회관 수영장 은행 식당 서점 병원 정문 기숙사
한국어학당 어디 앞

2 학생들이 어디에 있습니까? 그림을 보고 보기 와 같이 이야기하십시오.

보기

하늘: 노라 씨가 어디에 있습니까?

윤아: 노라 씨가 교실에 있습니다.

하늘: 교실이 어디에 있습니까?

윤아: 교실은 4층에 있습니다.

하늘: 유키 씨도 교실에 있습니까?

윤아: 아니요, 유키 씨는 1층 커피숍에 있습니다.

커피숍 편의점 강당 복사실 사무실 컴퓨터실 층

II. 써 봅시다

1 여러분의 집 약도를 그리십시오. 보기 와 같이 쓰고 발표하십시오.

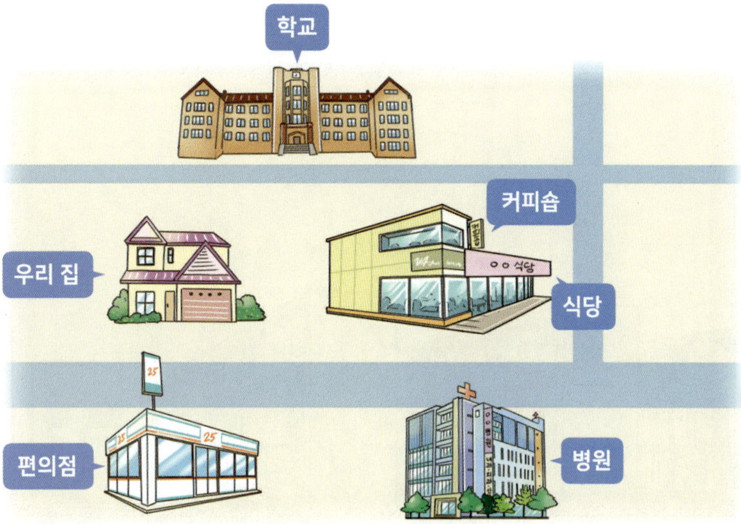

보기

여기는 우리 집입니다.
우리 집 앞**에** 편의점이 **있습니다**.
편의점 옆**에** 병원이 **있습니다**.
우리 집 옆**에** 식당이 **있습니다**.
식당 위**에** 커피숍이 **있습니다**.
우리 집 뒤**에** 학교가 **있습니다**.

집 학교 옆 위 뒤

03과 학교

2. 교실이 작습니다

• 학습목표: 학교 시설물에 대해서 설명할 수 있다.

Ⅰ. 준비해 봅시다

- 여기가 어디입니까?
- 여기가 어떻습니까?

야기해 봅시다

1 지도를 보고 보기 와 같이 이야기하십시오.

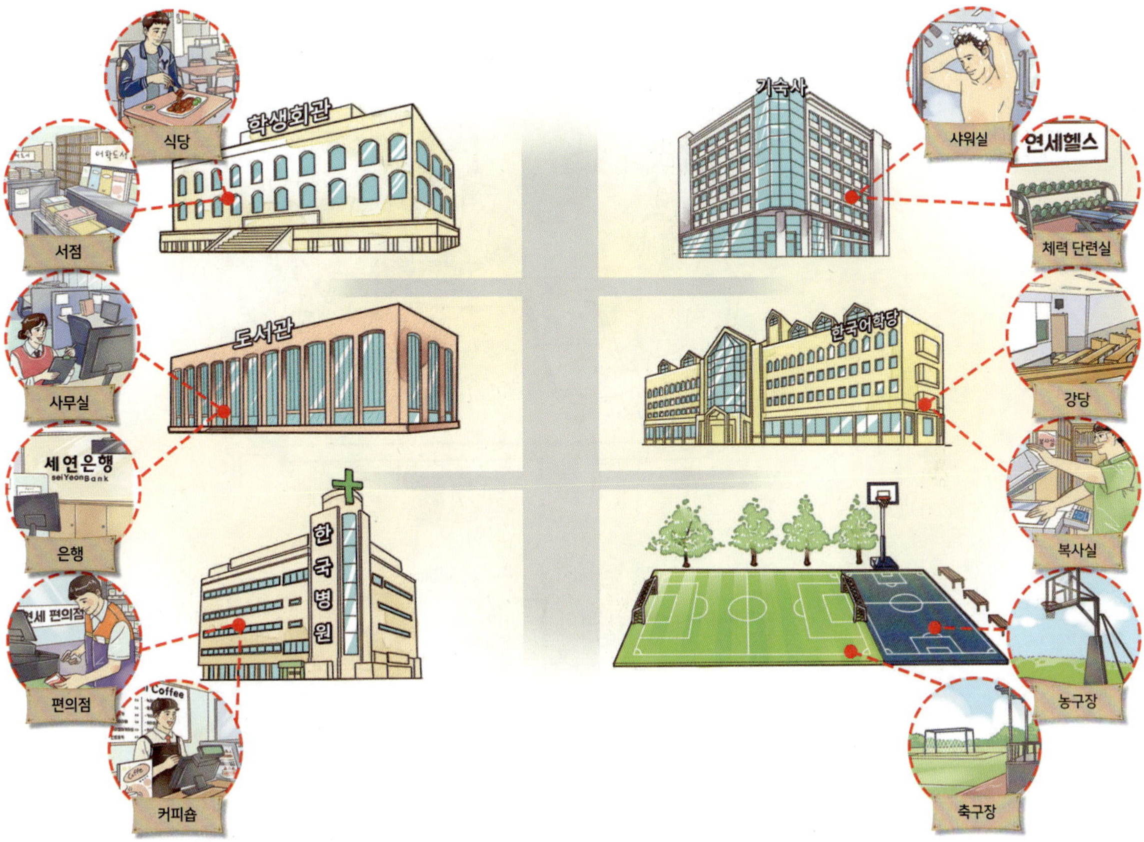

보기

리나: 이 학교에 학생회관이 있습니까?

존 : 네, 있습니다.

리나: 학생회관에 무엇이 있습니까?

존 : 식당과 서점이 있습니다.

체력 단련실 샤워실 운동장 농구장 축구장

2 교실이 어떻습니까? 보기 와 같이 이야기하십시오. 그리고 여러분의 교실에 대해서 이야기하십시오.

유키 교실

주앙 교실

보기

주앙: 유키 씨 교실이 작습니까?
유키: 네, 작습니다.
주앙: 학생이 많습니까?
유키: 아니요, 학생이 적습니다.
주앙: 교실이 시원합니까?
유키: 네, 교실이 아주 시원합니다.

I. 써 봅시다

여러분의 학교에 대해서 보기 와 같이 쓰고 발표하십시오.

보기

우리 학교는 신촌에 **있습니다**.
학교에 운동장**하고** 도서관이 **있습니다**.
운동장이 아주 **큽니다**.
도서관 옆에 학생회관이 **있습니다**.
학생회관에 식당**과** 서점이 **있습니다**.
은행**과** 우체국도 **있습니다**.
은행에 사람이 **많습니다**.

연습하기

작다 학생 많다 적다 아주 시원하다 신촌 크다 우체국

04과

친구

1. 유키 씨가 일본에서 왔습니다

• 학습목표: 친구를 소개할 수 있다.

Ⅰ. 준비해 봅시다

• 유키 씨가 어디에 있습니까?
• 유키 씨가 무엇을 합니까?

이야기해 봅시다

1 사람들이 무엇을 합니까? 쓰고 이야기하십시오.

연습하기

여기는 극장입니다. 극장에 친구들이 있습니다. 에릭 씨가 시계를 봅니다.

유키 씨가

리타오 씨가

존 씨가

주앙 씨가

흐엉 씨가

노라 씨가

극장 들 보다

2 그림을 보고 보기 와 같이 이야기하십시오.

보기

마크: 리나 씨 반에 일본 사람이 있습니까?

리나: 네, 우리 반에 일본 사람이 있습니다.
유키 씨가 일본에서 왔습니다.

마크: 누가 유키 씨입니까?

리나: 유키 씨가 문 앞에 있습니다.
우유를 마십니다.

반 누가 문 우유 마시다

Ⅲ. 써 봅시다

보기 와 같이 친구와 이야기하십시오.

보기

마이클: 안나 씨, 어느 나라 사람입니까?
안 나: 저는 미국 사람입니다.
마이클: 미국 어디에서 왔습니까?
안 나: 미국 뉴욕에서 왔습니다.
마이클: 회사원입니까?
안 나: 아니요, 학생입니다.
한국말을 공부합니다.

보기 와 같이 쓰고 친구를 소개하십시오.

보기

제 친구 안나 씨는 미국 사람입니다.
안나 씨는 미국 뉴욕**에서 왔습니다**.
안나 씨는 학생입니다.
한국말**을** 공부합니다.

연습하기

뉴욕 회사원 한국말 공부하다

04과 친구

2. 유키 씨가 집에서 음악을 듣습니다

• 학습목표: 다양한 장소에서 하는 일을 설명할 수 있다.

Ⅰ. 준비해 봅시다

- 어디입니까?
- 사람들이 무엇을 합니까?

야기해 봅시다 **1** 보기 와 같이 이야기하십시오.

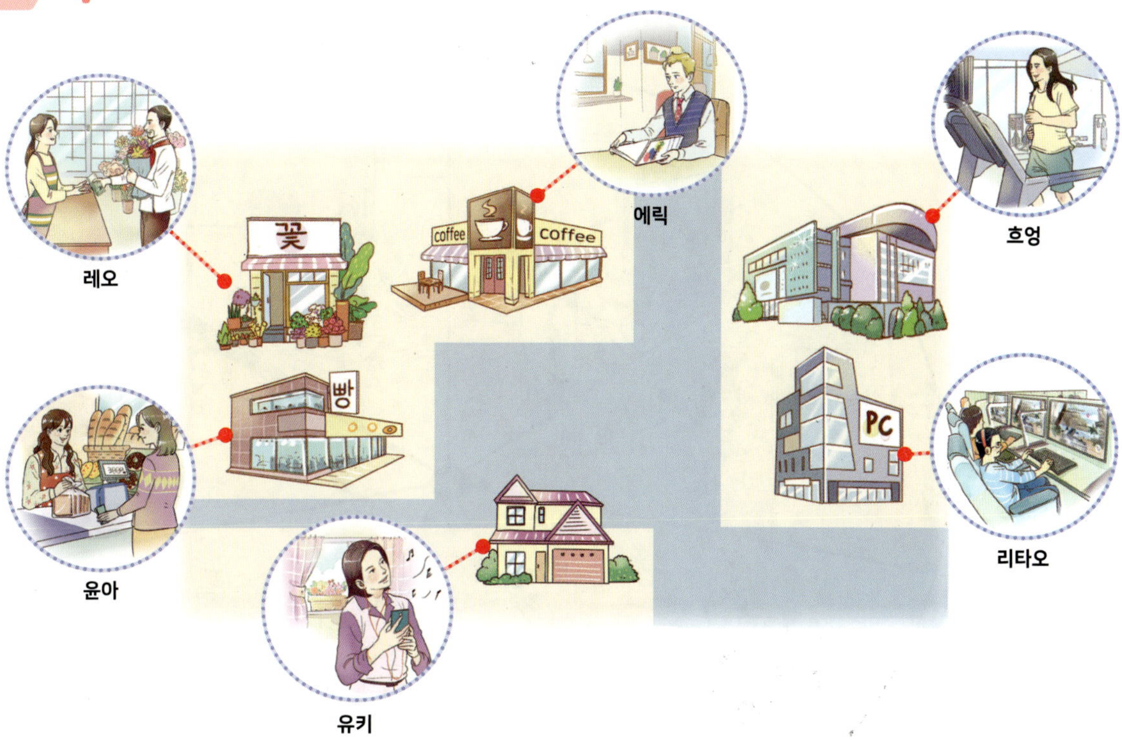

유키 •	• 체육관 •	• 게임을 하다
윤아 •	• 피시방 •	• 운동하다
레오 •	• 커피숍 •	• 꽃을 사다
에릭 •	• 집 •	• 아르바이트하다
흐엉 •	• 꽃집 •	• 공부하다
리타오 •	• 빵집 •	• 음악을 듣다

보기

마크: 유키 씨가 어디에 있습니까?

리나: 유키 씨가 집에 있습니다.

마크: 유키 씨가 집에서 무엇을 합니까?

리나: 유키 씨가 집에서 음악을 듣습니다.

체육관 피시방 꽃집 빵집 게임 운동하다 꽃 사다 아르바이트하다 음악 듣다

2 보기 와 같이 이야기하십시오.

보기

마크: 노라 씨가 무엇을 합니까?

리나: 노라 씨가 공부를 합니다.

마크: 노라 씨가 어디에서 공부를 합니까?

리나: 노라 씨가 교실에서 공부를 합니다.

마크: 노라 씨가 혼자 공부를 합니까?

리나: 아니요, 노라 씨가 리타오 씨와 같이 공부를 합니다.

공부 혼자

III. 써 봅시다

여러분은 날마다 무엇을 합니까? 보기 와 같이 쓰고 발표하십시오.

보기

저는 집**에서** 밥을 먹습니다.
동생**과 같이** 밥을 먹습니다.
저는 도서관**에서** 혼자 책을 읽습니다.
저는 체육관**에서** 친구**와 같이** 운동합니다.
저는 집**에서** 숙제합니다.
숙제가 많습니다.

연습하기

밥 먹다 동생 책 읽다 숙제하다 숙제

1 노라 씨 물건이 어디에 있습니까?

노라 씨 물건: 시계 필통 휴대전화 컵 베개 모자

보기

가: 시계가 어디에 있습니까?

나: 시계가 책상 위에 있습니다.

• 리타오 씨 물건이 어디에 있습니까?

리타오 씨 물건: 슬리퍼 달력 수건 지갑 양말 이불

보기

가: 슬리퍼가 어디에 있습니까?

나: 슬리퍼가 책상 아래에 있습니다.

컵 베개 달력 슬리퍼 수건 양말 이불 아래

2 그림을 보고 보기 와 같이 이야기하십시오.

보기

하늘: 이 분이 누구입니까?

노라: 제 친구 **에릭** 씨입니다.

하늘: **에릭** 씨가 어느 나라 사람입니까?

노라: **에릭** 씨는 **미국**에서 왔습니다.

하늘: **에릭** 씨가 한국에서 무엇을 합니까?

노라: **에릭** 씨는 한국에서 **일합니다.**

하늘: **에릭** 씨가 어디에서 **일합니까?**

노라: **에릭** 씨는 **한국 회사**에서 **일합니다.**

그리고 **한국어학당에서 저와 같이 한국말을 배웁니다.**

보기 와 같이 쓰십시오.

보기

이 사람은 제 친구 에릭 씨입니다. 에릭 씨는 미국에서 왔습니다.

회사원입니다. 에릭 씨는 한국 회사에서 일합니다.

그리고 한국어학당에서 저와 같이 한국말을 배웁니다.

분 회사 일하다 호텔 신문 그리고 배우다

3 다음 질문으로 친구와 이야기하십시오. 그리고 보기 와 같이 쓰고 발표하십시오.

- ______ 씨, 어디에서 한국말을 배웁니까?
- 누가 한국말을 가르칩니까?
- 보통 어디에서 숙제합니까?
- ______ 이/가 ______ 습니까/ㅂ니까?
- ______ 이/가 어디에 있습니까?
- ______ 근처에 무엇이 있습니까?
- ______ 근처에 ______ 도 있습니까?
- ______ 씨, 친구와 같이 무엇을 합니까?

보기

저는 한국어학당에서 한국어를 배웁니다.
김 선생님이 한국어를 가르칩니다.
저는 보통 하숙집에서 숙제합니다.
하숙집이 조용합니다.
하숙집은 신촌에 있습니다.
하숙집 근처에 서점과 백화점이 있습니다. 은행도 있습니다.
저는 친구와 같이 커피를 마십니다. 그리고 친구와 같이 공부합니다.

가르치다　근처　보통　하숙집　조용하다　커피　한국어　백화점

문화

한국의 학교

한국의 학교는 기본적으로 초등학교 6년, 중학교 3년, 고등학교 3년, 대학교 4년인 6-3-3-4학제입니다. 초등학교와 중학교는 국가의 의무교육 과정이고, 초등학교는 보통 만 7세에 입학합니다. 모든 학교가 3월에 새 학기를 시작하고 다음 해 2월 초에 1년 과정이 끝납니다. 1년에 두 학기가 있고 여름방학, 겨울방학, 봄방학이 있습니다.

한국 사람들이 '**학생입니까?**', '**어느 학교에 다닙니까?**', '**몇 학년입니까?**'라고 물으면 '**대학생입니다.**', '**연세대학교에 다닙니다.**', '**1학년입니다.**'라고 대답하십시오.

학교	학년
어린이집/유치원	
초등학교	1학년
	2학년
	3학년
	4학년
	5학년
	6학년
중학교	1학년
	2학년
	3학년
고등학교	1학년
	2학년
	3학년
대학교	1학년
	2학년
	3학년
	4학년

05과

고향

1. 저는 고향에 가고 싶습니다

• 학습목표: 하고 싶은 일을 설명할 수 있다.

I. 준비해 봅시다

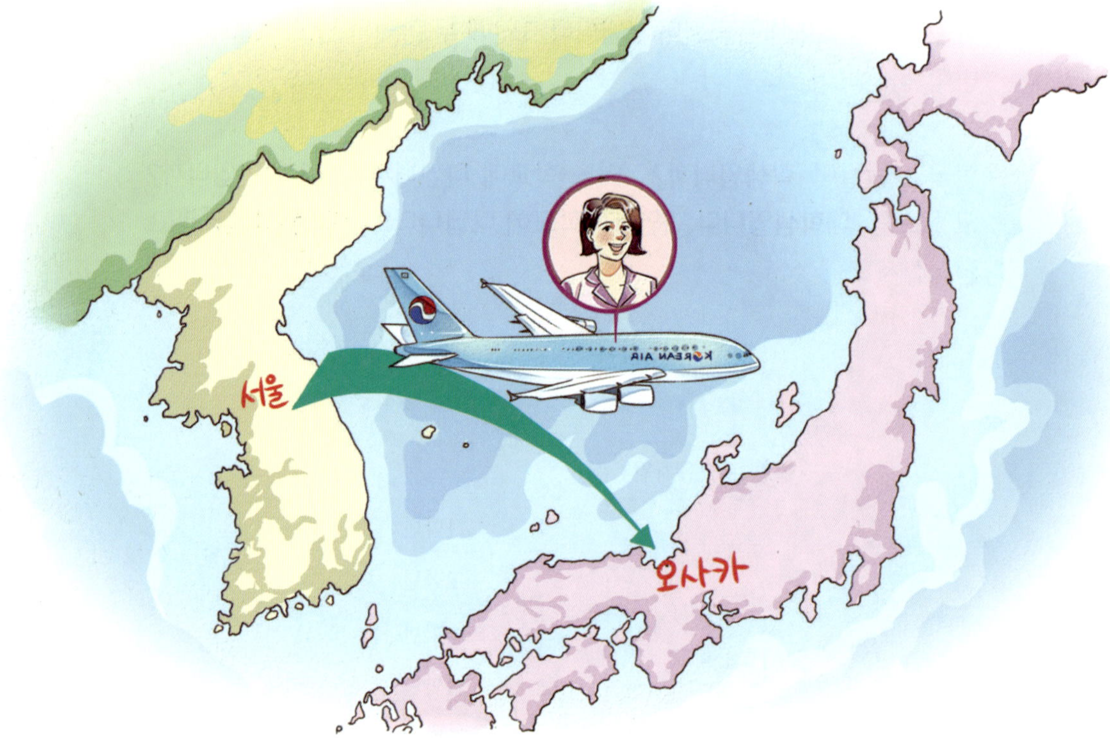

• 유키 씨가 어디에 갑니까?
• 유키 씨 고향은 어디입니까?

이야기해 봅시다

1 보기 와 같이 친구와 이야기하십시오.

보기

하늘: 윤아 씨, 지금 어디에 갑니까?
윤아: 경주에 갑니다.
하늘: 경주가 고향입니까?
윤아: 아니요, 제 고향은 제주도입니다.

서울역 지금 가다 고향 경주 제주도

2 보기 와 같이 친구와 이야기하십시오.

보기

하늘: 마크 씨, 무엇을 하고 싶습니까?

마크: 저는 고향에 가고 싶습니다.

하늘: 고향이 어디입니까?

마크: 미국 뉴욕입니다.

하늘: 고향에서 무엇을 하고 싶습니까?

마크: 가족과 같이 여행을 하고 싶습니다.

친구가 무엇을 하고 싶어 합니까? 보기 와 같이 이야기하십시오.

보기

흐엉: 하늘 씨, 마크 씨가 무엇을 하고 싶어 합니까?

하늘: 마크 씨가 고향에 가고 싶어 합니다.

흐엉: 마크 씨가 고향에서 무엇을 하고 싶어 합니까?

하늘: 마크 씨가 가족과 같이 여행을 하고 싶어 합니다.

가족　여행

III. 써 봅시다

보기 와 같이 쓰고 발표하십시오.

보기

저는 유키입니다. 제 고향은 일본 오사카입니다.

저는 고향**에 가고 싶습니다.** 가족을 만나**고 싶습니다.**

고향에서 가족과 같이 고향 음식을 먹**고 싶습니다.**

그리고 고향 친구도 만나**고 싶습니다.**

고향 친구와 같이 이야기하**고 싶습니다.**

친구에 대해서 보기 와 같이 쓰고 발표하십시오.

보기

유키 씨는 제 친구입니다. 유키 씨 고향은 일본 오사카입니다.

유키 씨는 고향에 가**고 싶어 합니다.** 가족을 만나**고 싶어 합니다.**

고향에서 가족과 같이 고향 음식을 먹**고 싶어 합니다.**

그리고 고향 친구도 만나**고 싶어 합니다.**

고향 친구와 같이 이야기하**고 싶어 합니다.**

오사카 만나다 음식 이야기하다

05과 고향

2. 경복궁이 조용하고 아름답습니다

• 학습목표: 장소와 사람의 특징을 설명할 수 있다.

Ⅰ. 준비해 봅시다

- 여기가 어디입니까?
- 여기가 어떻습니까?

이야기해 봅시다

1 그림을 보고 보기 와 같이 이야기 하십시오.

보기

안나: 미선 씨, 고향이 어디입니까?

미선: 제 고향은 서울입니다.

안나: 서울에 무엇이 있습니까?

미선: 서울에 롯데월드하고 경복궁이 있습니다.

안나: 경복궁이 어떻습니까?

미선: 경복궁이 조용하고 아름답습니다.

서울 롯데월드 경복궁 인천 공항 차이나타운 한라산 해수욕장 속초
설악산 바다 불국사 호수 부산 해운대 시장 아름답다 어떻다

2 친구 고향이 어디입니까? 보기 와 같이 '네', '아니요'로 대답할 수 있는 질문을 하십시오.

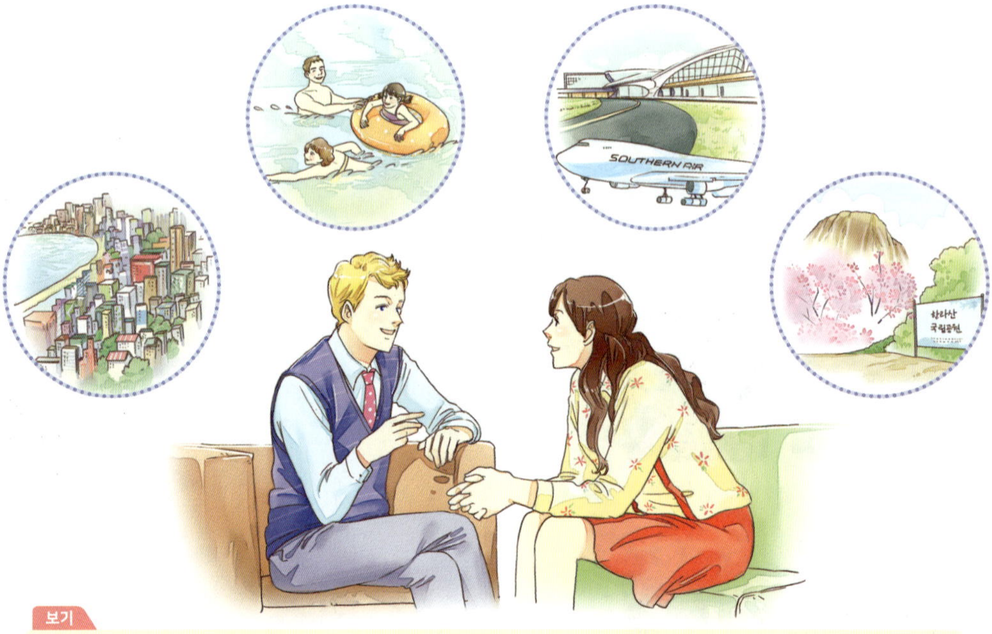

보기

에릭: 윤아 씨 고향에 바다가 있습니까?
윤아: 네, 바다가 있습니다.
에릭: 날씨가 춥습니까?
윤아: 아니요, 춥지 않습니다.
에릭: 윤아 씨 고향이 부산입니까?
윤아: 아니요, 부산이 아닙니다.
에릭: 고향에 공항이 있습니까?
윤아: 네, 공항도 있습니다.
에릭: 윤아 씨 고향이 제주도입니까?
윤아: 네, 제 고향이 제주도입니다.

산 춥다

Ⅱ. 써 봅시다

여러분의 고향은 어떻습니까? 친구와 이야기하십시오.

- 고향이 어디입니까?
- 고향 날씨가 어떻습니까?
- 고향 사람들이 어떻습니까?
- 고향에 무엇이 있습니까? 그것이 어떻습니까?
- 고향 친구 이름이 무엇입니까? 그 친구는 어떻습니까?
- 고향에서 무엇을 하고 싶습니까?

여러분의 고향에 대해서 보기 와 같이 쓰고 발표하십시오.

보기

저는 이탈리아에서 왔습니다. 제 고향은 이탈리아 나폴리입니다. 나폴리는 날씨가 춥**지 않습니다.** 나폴리는 바다가 아름답**고** 음식이 아주 맛있습니다. 나폴리 피자는 외국 사람들도 좋아합니다. 저는 빨리 고향에 가고 싶습니다. 가족도 만나고 고향 음식도 먹고 싶습니다.

나폴리　날씨　맛있다　피자　외국　좋아하다　빨리

06과 학교생활

1. 저는 오전에 한국어를 공부합니다

• 학습목표: 시간을 사용해서 일과를 설명할 수 있다.

Ⅰ. 준비해 봅시다

• 사람들이 무엇을 합니까?
• 여러분은 날마다 무엇을 합니까?

이야기해 봅시다

1 보기 와 같이 이야기하십시오.

오전 7:00

오전 8:30

오후 1:00

오후 3:00

오후 5:00

오후 7:00

오후 9:00

오후 11:00

보기

에릭: 유키 씨, 몇 시에 일어납니까?

유키: 저는 일곱 시에 일어납니다.

몇 시 일어나다

2 여러분은 무엇을 합니까? 표에 쓰고 보기 와 같이 이야기하십시오.

시간 \ 이름	오전		오후				
	7:00 -8:00	9:00 -1:00	1:30 -2:00	2:30 -4:30	5:00 -7:30	8:00 -9:00	9:30 -11:00
리타오	운동	한국어 공부	점심	숙제	아르바이트	저녁	컴퓨터

보기

에 릭: 리타오 씨, 오전에 무엇을 합니까?
리타오: 저는 오전에 한국어를 공부합니다.
에 릭: 오후에 무엇을 합니까?
리타오: 오후에 아르바이트를 합니다.
에 릭: 몇 시부터 몇 시까지 아르바이트를 합니까?
리타오: 다섯 시부터 일곱 시 반까지 아르바이트를 합니다.
에 릭: 그리고 무엇을 합니까?
리타오: 컴퓨터를 합니다.

연습하기

시간 \ 이름						

오전 오후 아르바이트 컴퓨터 점심 저녁

I. 써 봅시다

여러분은 날마다 무엇을 합니까? 보기 와 같이 쓰고 발표하십시오.

보기

저는 여섯 시 반**에** 일어납니다.
일곱 시**부터** 여덟 시**까지** 운동을 합니다.
여덟 시 반**에** 학교에 옵니다.
학교 식당에서 김밥을 먹습니다.
아홉 시**부터** 한 시**까지** 한국어를 공부합니다.
한 시 반**에** 친구하고 같이 점심을 먹습니다.
두 시 반**부터** 네 시 반**까지** 도서관에서 숙제를 합니다.
그리고 다섯 시**부터** 일곱 시 반**까지** 아르바이트를 합니다.
여덟 시**에** 저녁을 먹습니다.
아홉 시 반**부터** 열한 시**까지** 컴퓨터를 합니다.
열두 시**에** 잡니다.

연습하기

운동 오다 김밥 자다

06과

학교생활

2. 의자에 앉으십시오

• 학습목표: 학교생활을 이야기할 수 있다.

Ⅰ. 준비해 봅시다

- 학생들이 학교에서 무엇을 합니까?
- 여러분은 학교에서 무엇을 합니까?

야기해 봅시다

1 보기 와 같이 이야기하십시오.

보기

선생님: 존 씨, 의자에 앉으십시오.

존　　: 네.

선생님: 유키 씨, 휴대전화를 보지 마십시오.

유　키: 네, 죄송합니다.

앉다　죄송하다

2 보기와 같이 이야기하십시오.

보기

흐엉: 음악회가 몇 시입니까?
노라: 7시 30분입니다.
흐엉: 제가 몇 시에 갈까요?
노라: 7시 15분에 오십시오.
흐엉: 어디에서 합니까?
노라: 학생회관 704호입니다.
흐엉: 표가 얼마입니까?
노라: 14,000원입니다.
흐엉: 제가 뭘 준비할까요?
노라: 물을 사십시오.

음악회 분 호 표 얼마 원 준비하다 물 콘서트

III. 써 봅시다

보기 와 같이 학교 친구에게 문자메시지를 쓰십시오.

보기

YONSEI TALK

노라: 유키 씨, 저는 유키 씨하고 같이 한국어를 공부하고 싶습니다.

유키: 저도 노라 씨와 같이 공부하고 싶습니다. 제가 노라 씨 집에 갈**까요?**

노라: 네, 우리 집에 오**십시오.**

유키: 제가 몇 시에 갈**까요?**

노라: 3시에 오**십시오.**

유키: 어떻게 갑니까?

노라: 버스를 타**십시오.**

유키: 몇 번 버스를 탈**까요?**

노라: 192번 버스를 타**십시오.**

유키: 네.

노라: 제가 과자를 살**까요?**

유키: 네, 과자를 사**십시오.**

ENTER

어떻게 버스 타다 번 과자

연습하기

YONSEI TALK

흐엉: 에릭 씨, 저는 ________고 싶습니다.

에릭: 저도 ________고 싶습니다. 제가 ________을까요/ㄹ까요?

흐엉: 네, ________으십시오/십시오.

에릭: 제가 몇 시에 ________을까요/ㄹ까요?

흐엉: ________으십시오/십시오.

에릭: 어떻게 갑니까?

흐엉: ________으십시오/십시오.

에릭: ________을까요/ㄹ까요?

흐엉: ________으십시오/십시오.

에릭: 네.

흐엉: ________을까요/ㄹ까요?

에릭: 네, ________으십시오/십시오.

ENTER

연습하기

YONSEI TALK

주앙: 존 씨, 저는 ______고 싶습니다.

존: 저도 ______고 싶습니다. 제가 ______을까요/ㄹ까요?

주앙: 네, ______으십시오/십시오.

존: 제가 몇 시에 ______을까요/ㄹ까요?

주앙: ______으십시오/십시오.

존: 어떻게 갑니까?

주앙: ______으십시오/십시오.

존: ______을까요/ㄹ까요?

주앙: ______으십시오/십시오.

존: 네.

주앙: ______을까요/ㄹ까요?

존: 네, ______으십시오/십시오.

ENTER

복습 5-6과

1 선생님이 학생들에게 이야기합니다. 쓰고 발표하십시오.

시험지에 이름을 쓰십시오.

휴대 전화를 ____________으십시오/십시오.

에릭 씨와 유키 씨, ____________지 마십시오.

하늘 씨, ____________으십시오/십시오.

리타오 씨, ____________지 마십시오.

노라 씨, ____________지 마십시오.

쓰기 시험은 ____________부터 ____________까지입니다.

듣기 시험은 ____________부터 ____________까지입니다.

여러분, 시험을 잘 보십시오.

시험지 쓰다 쓰기 시험 듣기 시험 시험을 보다 잘 여러분

2 보기 와 같이 이야기하십시오.

보기

마크: 저는 주말에 친구와 같이 서울을 구경하고 싶습니다.
어디에 갈까요?

리나: 한강에 가십시오. 한강이 좋습니다.

마크: 한강에서 무엇을 할까요?

리나: 자전거를 타십시오.

주말 구경하다 한강 좋다 자전거 남산 인사동 동대문시장 홍대

3 다음 질문으로 친구와 이야기하십시오. 그리고 보기 와 같이 쓰고 발표하십시오.

- 보통 몇 시에 일어납니까?
- 오전에/오후에 무엇을 합니까?
- 몇 시부터 몇 시까지 ______ 습니까/ㅂ니까?

- 날마다 바쁩니까?
- 주말에 어디에 가고 싶습니까?
- 누구와 같이 가고 싶습니까?
- ______ 에서 무엇을 하고 싶습니까?
- ______ 이/가 어떻습니까?

보기

저는 보통 여덟 시에 일어납니다. 오전에 학교에서 한국말을 공부합니다. 아홉 시부터 한 시까지 한국말을 공부합니다. 오후에 도서관에서 숙제를 합니다. 저는 날마다 바쁩니다.
주말에 저는 부산에 가고 싶습니다. 반 친구와 같이 가고 싶습니다. 부산에 바다가 있습니다. 바다에서 수영을 하고 싶습니다. 부산은 공기가 좋고 따뜻합니다.

날마다 수영 공기 따뜻하다

문화

나이

한국에서는 아이가 태어나면 한 살입니다. 그리고 해가 바뀔 때마다 한 살씩 많아집니다. 그래서 한국에서 나이를 물을 때 '**몇 살입니까?**' 또는 '**한국 나이로 몇 살입니까?**' 라고 질문합니다. 이것은 한국의 나이가 다른 나라에서 말하는 나이와 좀 다르기 때문입니다. 어른께는 '**연세가 어떻게 되십니까?**'라고 질문합니다. 나이를 이야기할 때는 '**_살입니다.**'라고 이야기합니다.

1살	한 살
2살	두 살
3살	세 살
4살	네 살
5살	다섯 살
6살	여섯 살
7살	일곱 살
8살	여덟 살
9살	아홉 살
10살	열 살

11살	열한 살
12살	열두 살
13살	열세 살
14살	열네 살
⋮	⋮
20살	스무 살
21살	스물한 살
22살	스물두 살
23살	스물세 살
24살	스물네 살

30살	서른 살
40살	마흔 살
50살	쉰 살
60살	예순 살
70살	일흔 살
80살	여든 살
90살	아흔 살
100살	백 살

07과 음식

1. 저는 한식을 좋아합니다

• 학습목표: 좋아하는 것을 말할 수 있다.

Ⅰ. 준비해 봅시다

- 어느 나라 음식입니까?
- 여러분은 어느 나라 음식을 먹고 싶습니까?

야기해 봅시다 1 그림을 보고 보기 와 같이 이야기하십시오.

과일

운동

우유

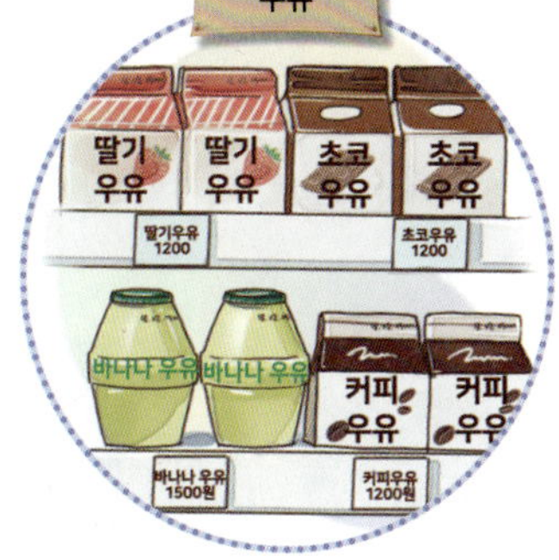

영화

꽃

보기

마크: 리나 씨, 무슨 과일을 좋아합니까?

리나: 저는 딸기를 좋아합니다.

마크: 과일을 자주 먹습니까?

리나: 네, 자주 먹습니다.

무슨 과일 딸기 자주

2 여러분은 무슨 음식을 좋아합니까? 보기 와 같이 친구와 이야기하십시오.

보기

에릭: 유키 씨, 무슨 음식을 좋아합니까?
유키: 저는 한식을 좋아합니다. 닭갈비를 아주 좋아합니다.
에릭: 닭갈비는 맛이 어떻습니까?
유키: 조금 맵습니다. 에릭 씨는 무슨 음식을 좋아합니까?
에릭: 저도 한식을 좋아합니다.
유키: 요즘 무엇을 자주 먹습니까?
에릭: 학교 근처 한식집에서 칼국수를 자주 먹습니다.

한식　닭갈비　맛　조금　맵다　요즘　한식집　칼국수

III. 써 봅시다

반 친구와 질문하고 대답하십시오.

- 지금 어디에 삽니까?
- 집이 멉니까?
- 무슨 음식을 좋아합니까?
- 음식을 자주 만듭니까?
- 무슨 노래를 좋아합니까?
- 주말에 보통 누구하고 같이 놉니까?

여러분의 한국 생활이 어떻습니까? 보기와 같이 쓰고 발표하십시오.

보기

저는 지금 한국 친구 집에서 **삽니다**.
친구 집이 조금 **멉니다**.
친구 집은 깨끗하고 조용합니다.
저는 한국 음식을 좋아합니다.
불고기를 아주 좋아합니다.
불고기는 조금 **답니다**.
한국 친구와 같이 가끔 불고기를 **만듭니다**.
저는 한국 노래를 좋아합니다.
한국 가수를 잘 **압니다**.
주말에 보통 한국 친구와 같이 **놉니다**.
한국 친구와 같이 영화도 보고 쇼핑도 합니다.

살다 멀다 깨끗하다 달다 가끔 불고기 만들다 노래 알다 놀다 쇼핑

07과 음식

2. 몇 인분 주문할까요?

• 학습목표: 음식을 주문하고 음식에 대해서 설명할 수 있다.

Ⅰ. 준비해 봅시다

- 두 사람이 무엇을 합니까?
- 여러분은 무슨 음식을 주문하고 싶습니까?

이야기해 봅시다

1 그림을 보고 보기 와 같이 이야기하십시오.

음식 이름	떡볶이
맛	맵다

음식 이름	간장 게장
맛	짜다

음식 이름	팥빙수
맛	달다

음식 이름	탕수육
맛	달고 시다

보기

에릭: 이 음식 이름이 무엇입니까?

우진: **떡볶이**입니다.

에릭: **떡볶이**는 맛이 어떻습니까?

우진: **조금 맵습니다.** 그렇지만 아주 맛있습니다.

에릭: 주말에 같이 **떡볶이**를 먹을까요?

우진: 네, 그럽시다.

떡볶이 간장 게장 짜다 팥빙수 탕수육 시다 그렇지만 그럽시다

2 메뉴판을 보고 보기 와 같이 이야기하십시오.

MENU

김밥	3,000
떡볶이	4,500
라면	3,500
칼국수	5,000

식사

간장게장	35,000
냉면	8,000
김치찌개	7,500
갈비탕	12,000

PIZZA

피자	20,000
스파게티	13,000
치킨	17,000
샌드위치	5,000

MENU

커피	5,000
녹차	4,500
콜라	2,000
팥빙수	6,000

보기

에 릭: 이 식당은 무슨 음식이 맛있습니까?
우 진: 떡볶이가 맛있습니다.
에 릭: 그럼 떡볶이를 먹을까요?
우 진: 네, 그럽시다.
에 릭: 몇 인분 주문할까요?
우 진: 이 인분 주문합시다.
에 릭: 김밥도 주문할까요?
우 진: 아니요, 김밥은 주문하지 맙시다.
에 릭: 여기요.
종업원: 네, 뭘 드릴까요?
에 릭: 떡볶이 이 인분 주십시오. 그리고 물도 주십시오.

라면	냉면	김치찌개	갈비탕	스파게티	치킨	샌드위치
녹차	콜라	인분	주문하다	종업원	드리다	

Ⅱ. 써 봅시다

여러분 나라의 음식에 대해서 보기 와 같이 쓰고 발표하십시오.

보기

이 음식 이름은 떡볶이입니다.
떡볶이는 조금 맵습니다.
그렇지만 아주 맛있습니다.
그래서 한국 사람들도 좋아하고 외국 사람들도 좋아합니다.
오늘 점심에 같이 떡볶이를 먹**을까요?**

연습하기

그래서

08과 하루 생활

1. 저는 내일 바쁘지 않아요

• 학습목표: 날짜와 요일을 말할 수 있다.

Ⅰ. 준비해 봅시다

- 유키 씨가 토요일에 무엇을 합니까?
- 여러분은 토요일에 무엇을 합니까?

야기해 봅시다

1 보기 와 같이 이야기하십시오.

6월

일	월	화	수	목	금	토
				1	2	3
4	5	6 현충일	7	8	9	10 에릭씨 생일
11	12	13	14	15	16	17
18	19	20	21	22	23	24
25	26	27	28	29	30	1

7월

일	월	화	수	목	금	토
2	3	4	5	6	7	8
9	10	11	12	13	14	15
16	17	18	19	20	21 듣기 시험	22
23	24 쓰기 시험	25	26	27	28	29
30 유키씨 생일	31					

보기

마크: 유키 씨 생일이 언제예요?
리나: 유키 씨 생일이 7월 30일이에요.
마크: 무슨 요일이에요?
리나: 일요일이에요.

현충일 생일 언제 월 일 요일 일요일

2 보기 와 같이 이야기하십시오.

보기

유키: 에릭 씨, 내일 시간이 있어요?

에릭: 내일이 며칠이에요?

유키: 4월 5일이에요. 목요일이에요.

에릭: 저는 내일 바쁘지 않아요. 시간이 있어요.

유키: 그럼 같이 밥을 먹을까요?

에릭: 네, 행복식당에서 같이 밥을 먹어요.

내일 시간 며칠 목요일

III. 써 봅시다

여러분 나라의 특별한 날에 대해서 보기 와 같이 이야기하십시오.

보기

마크: 하늘 씨, 한국에 선생님 날이 있어요?

하늘: 네, 한국에 선생님 날이 있어요.

마크: 선생님 날이 몇 월 며칠이에요?

하늘: 5월 15일이에요.

마크: 선생님 날에 무엇을 해요?

하늘: 학생들이 감사 편지를 써요.

보기 와 같이 쓰고 발표하십시오.

보기

한국에 선생님 날이 있**어요.**

선생님 날은 5월 15일**이에요.**

선생님 날에 학생들이 감사 편지를 **써요.**

연습하기

선생님 날 감사 편지

08과 하루 생활

2. 저는 아침을 먹고 학교에 가요

• 학습목표: 하루 일과를 설명할 수 있다.

I. 준비해 봅시다

- 노라 씨가 무엇을 합니까?
- 여러분은 아침에 무엇을 합니까?

ㅑ기해 봅시다

1 보기 와 같이 이야기하십시오.

보기

존 : 에릭 씨, 보통 점심을 먹고 무엇을 해요?

에릭: 저는 보통 점심을 먹고 숙제를 해요.

존 : 숙제를 하고 뭘 해요?

에릭: 저는 숙제를 하고 학원에서 영어를 가르쳐요.

학원 영어

2 그림을 보고 이야기를 만드십시오.

주앙 씨가 7시에 일어나요.
비가 와요. 그래서 창문을 닫아요.
주앙 씨가 오전에 학교에서 한국어 게임을 해요.
주앙 씨가 잘했어요. 그래서 선물을 ____어요/아요/여요.
기분이 좋아요. 주앙 씨가 점심을 먹고 공원에서 산책을 해요.
유키 씨하고 같이 30분쯤 ____어요/아요/여요.
주앙 씨가 옷 가게에서 아르바이트를 하고 싶어해요.
사장님이 주앙 씨 나이하고 전화번호를 ____어요/아요/여요.
주앙 씨가 집에서 음악을 ____어요/아요/여요.
주앙 씨가 저녁에 친구하고 여행을 가요.
차에 가방을 ____고 친구를 기다려요.

비가 오다　창문　닫다　잘하다　선물　기분　산책　쯤　옷 가게　사장님
나이　전화번호　차　기다리다

III. 써 봅시다

여러분은 날마다 무엇을 합니까? 보기 와 같이 이야기하십시오.

보기

에릭: 유키 씨, 아침을 먹고 학교에 가요? 아침을 먹지 않고 학교에 가요?

유키: 저는 보통 아침을 먹고 학교에 가요.
그렇지만 가끔 아침을 먹지 않고 학교에 가요.

에릭: 언제 점심을 먹어요?

유키: 저는 학교에서 공부를 하고 점심을 먹어요.

보기 와 같이 쓰고 발표하십시오.

보기

저는 보통 아침을 먹**고** 학교에 가요.
그렇지만 가끔 아침을 먹지 않**고** 학교에 가요.
학교에서 한국말을 공부하**고** 친구들과 같이 식당에서 점심을 먹어요.

연습하기

복습 7-8과

1 파티를 준비합니다. 보기 와 같이 이야기하십시오.

보기

에릭: 무슨 음식을 만들까요?
유키: 한식을 만듭시다.
에릭: 친구들이 무슨 과일을 좋아해요?
유키: 친구들이 딸기를 좋아해요.
에릭: 무슨 차를 준비할까요?
유키: 유자차를 준비합시다.
에릭: 꽃도 삽시다. 무슨 꽃을 살까요?
유키: 장미꽃을 삽시다.
에릭: 네, 그럽시다.

파티 차 유자차 장미꽃 허브티 홍차 인삼차

2 보기 와 같이 친구와 이야기하십시오.

보기

흐 엉: 오늘이 몇 월 며칠이에요?

리타오: 5월 2일이에요.

흐 엉: 무슨 요일이에요?

리타오: 화요일이에요.

흐 엉: 리타오 씨는 화요일에 보통 무엇을 해요?

리타오: 저는 화요일에 점심을 먹고 아르바이트를 해요.

흐 엉: 아르바이트를 하고 무엇을 해요?

리타오: 아르바이트를 하고 카페에서 숙제를 해요.

흐 엉: 숙제를 하고 집에 가요?

리타오: 네, 저는 숙제를 하고 집에 가요.

화요일 카페

3 다음 질문으로 친구와 이야기하고 보기 와 같이 쓰십시오.

- ______ 씨는 어디에 삽니까?
- ______ 씨, 집이 멉니까?
- 무슨 음악을 좋아합니까?
- 그 음악을 자주 들어요?

- 오늘은 몇 월 며칠이에요?
- 오늘은 무슨 요일이에요?
- 점심을 먹고 뭘 해요?
- ______ 고 뭘 해요?

보기

오늘은 1월 23일이에요. 월요일이에요. 저는 월요일에 보통 학교에서 공부하고 도서관에서 숙제를 해요. 숙제를 하고 체육관에서 운동을 합니다. 운동을 하고 5시부터 9시까지 빵집에서 아르바이트를 해요. 아르바이트를 하고 집에 갑니다.

저는 명동 근처에 삽니다. 우리 집은 조금 멀어요. 밤에 가족들하고 전화를 하고 음악을 들어요. 저는 한국 음악을 좋아해요. 케이팝을 자주 들어요. 저는 11시에 자요.

월요일 명동 밤 케이팝

문화

한국인의 식사 예절

한국인과 식사를 할 때에는 지켜야 하는 예절이 있습니다. 식사를 하기 전에 '**잘 먹겠습니다.**'라고 인사를 하고 밥을 먹습니다. 다 먹은 후에는 '**잘 먹었습니다.**'라고 인사를 합니다.

윗사람과 함께 밥을 먹을 때에는 윗사람이 먼저 식사를 시작한 후에 수저를 듭니다.

윗사람이 잔에 술을 따라 주실 때에는 술잔을 양손으로 잡고 술을 받습니다. 윗사람 앞에서 술을 마실 때에는 몸을 약간 옆으로 돌려서 마십니다. 윗사람에게 물이나 술을 따라 드릴 때에도 물병이나 술병을 양손으로 잡고 공손히 따라 드립니다.

09과 주말

1. 저는 주말에 친구들과 같이 농구를 해요

• 학습목표: 주말 활동에 대해서 이야기할 수 있다.

Ⅰ. 준비해 봅시다

- 사람들이 무엇을 합니까?
- 여러분은 주말에 보통 무엇을 합니까?

야기해 봅시다

1 그림을 보고 보기 와 같이 이야기하십시오.

보기

마크: 에릭 씨, 요즘 무슨 운동을 해요?

에릭: 저는 주말에 친구들과 같이 농구를 해요.

마크: 농구가 재미있어요?

에릭: 네, 힘들지만 재미있어요.

농구 재미있다 힘들다

2 그림을 보고 보기 와 같이 이야기하십시오.

보기

유키: 에릭 씨, 지금 어디에 가요?

에릭: 서점에 가요.

유키: 서점에 뭘 사러 가요?

에릭: 한국어 교과서를 사러 가요.

유키: 한국어 공부가 어때요?

에릭: 한국어 공부가 재미있지만 숙제가 좀 많아요.

좀

III. 써 봅시다

여러분은 주말에 무엇을 합니까? 보기 와 같이 쓰고 발표하십시오.

보기

저는 요리를 좋아합니다.
그래서 생선과 과일을 사**러** 시장에 자주 갑니다.
그 시장은 좀 작**지만** 물건이 좋고 값이 쌉니다.
그리고 주말에 친구와 같이 자주 요리를 합니다.
한식도 만들고 일식도 만듭니다.

연습하기

요리 생선 물건 값 싸다 일식

09과 주말

2. 저는 집에서 쉴 거예요.

• 학습목표: 여러 가지 계획을 말할 수 있다.

Ⅰ. 준비해 봅시다

- 사람들이 무엇을 합니까?
- 여러분은 주말에 무엇을 하고 싶습니까?

이야기해 봅시다

1 계획표를 보고 보기 와 같이 이야기하십시오.

	월	화	수	목	금	토	일
마크	수영	도서관	농구	쇼핑	콘서트	등산	공부
리나	요가	아르바이트	영화	아르바이트	데이트	캠핑	캠핑

보기

마크: 리나 씨, 일요일에 뭘 할 거예요?
리나: 저는 캠핑을 할 거예요.
마크 씨는 뭘 할 거예요?
마크: 저는 공부할 거예요.
리나: 아, 그래요?

여러분의 일주일 계획을 쓰고 친구와 이야기하십시오.

	월	화	수	목	금	토	일
나							

캠핑 요가 데이트 등산

2 그림을 보고 보기 와 같이 말하고 여러분의 주말 계획도 말해 보십시오.

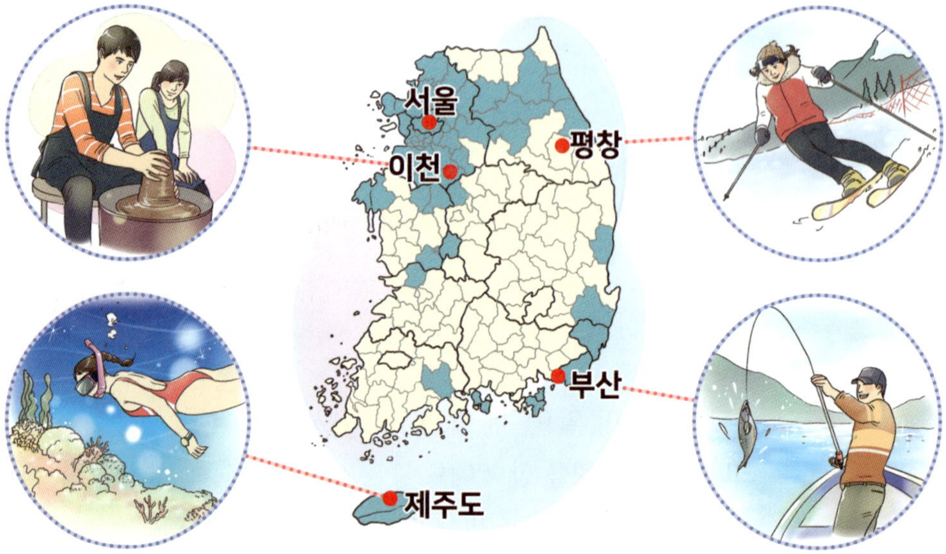

보기

마크: 우진 씨, 주말에 뭘 할 거예요?

우진: 저는 이천에 갈 거예요.

마크: 이천이 가까워요?

우진: 네, 이천이 가까워요.

마크: 우진 씨는 이천에서 뭘 할 거예요?

우진: 저는 도자기를 만들 거예요.

마크: 도자기 만들기가 쉬워요?

우진: 아니요, 조금 어려워요.

이천 가깝다 도자기 만들기 쉽다 평창

III. 써 봅시다

보기 와 같이 여러분의 1년 계획을 쓰고 발표하십시오.

	리나의 계획	______ 의 계획
1월		
2월	동생 졸업식	
3월		
4월		
5월	언니 결혼식	
6월		
7월	생일	
8월	제주도 휴가	
9월		
10월	설악산 등산	
11월		
12월	스키장	

보기

올해 저는 아주 바빠요.
2월에 동생 졸업식이 있어요. 그래서 저는 졸업 축하 선물을 **보낼 거예요**.
그리고 5월에 언니가 결혼을 해요. 저는 결혼식을 보러 고향에 **갈 거예요**.
7월 10일은 제 생일이에요. 저는 생일에 친구와 같이 파티를 **할 거예요**.
8월은 날씨가 아주 **더워요**. 그래서 제주도에 **갈 거예요**.
10월에는 등산하러 설악산에 **갈 거예요**.
그리고 저는 스키를 아주 좋아해요. 그래서 12월에 스키를 타러 **갈 거예요**.

졸업식 언니 결혼식 휴가 스키장 올해 결혼 덥다 스키

10과 지난 일

1. 저는 작년 8월 20일에 한국에 왔어요

• 학습목표: 과거의 일을 설명할 수 있다.

Ⅰ. 준비해 봅시다

- 올리비아 씨가 무엇을 했습니까?
- 여러분은 그때 무엇을 했습니까?

야기해 봅시다

1 보기 와 같이 이야기하십시오.

보기

마크: 에릭 씨, 어제 학교에 갔어요?

에릭: 아니요, 학교에 안 갔어요. 집에 있었어요.

마크: 집에서 무엇을 했어요?

에릭: 한국 드라마를 봤어요.

어제 드라마

2 보기 와 같이 이야기하십시오.

보기

마크: 에릭 씨, 지난 주말에 무엇을 했어요?

에릭: 지난 주말에 공원에 갔어요.

마크: 공원에서 무엇을 했어요?

에릭: 주앙 씨와 같이 축구를 했어요.

마크: 재미있었어요?

에릭: 아니요, 재미없었어요. 힘들었어요.

지난　공원　축구　재미없다

III. 써 봅시다

보기 와 같이 친구와 이야기하십시오.

보기

마크: 리나 씨, 언제 한국에 왔어요?
리나: 저는 작년 8월 20일에 한국에 왔어요.
마크: 왜 한국에 왔어요?
리나: 저는 한국 노래를 좋아해요. 한국말을 잘하고 싶어요.
그래서 한국에 왔어요.
마크: 고향에서 한국말을 배웠어요?
리나: 아니요, 고향에서 한국말을 안 배웠어요.
마크: 한국 생활이 재미있어요?
리나: 네, 재미있어요.
마크: 언제까지 한국에 있을 거예요?
리나: 내년 3월까지 한국에 있을 거예요.

보기 와 같이 쓰고 발표하십시오.

보기

저는 작년 8월 20일에 한국에 왔어요. 저는 한국 노래를 좋아해요. 싸이를 좋아해요. 한국말을 잘하고 싶어요. 그래서 한국에 **왔어요**. 가끔 고향에 가고 싶지만 한국 생활이 재미있어요. 저는 내년 3월까지 한국에 있을 거예요. 한국말을 열심히 공부할 거예요.

작년 내년 생활 열심히

10과

지난 일

2. 일이 많아서 친구를 만나지 못했어요

• 학습목표: 하지 못한 일을 이유와 함께 설명할 수 있다.

Ⅰ. 준비해 봅시다

- 지난 주말에 주앙 씨가 무엇을 하고 싶어 했습니까?
- 여러분은 지난 주말에 무엇을 하고 싶었습니까?

이야기해 봅시다 1 보기 와 같이 이야기하십시오.

보기

에릭: 유키 씨, 지난 주말에 수영을 했어요?

유키: 아니요, 저는 수영을 하지 못했어요.

에릭: 왜 수영을 하지 못했어요?

유키: 비가 와서 하지 못했어요.

2 그림을 보고 이야기를 만드십시오.

노　라: 여자 친구 생일에 데이트를 했어요?
리타오: 아니요. 회사 일이 많아서 여자 친구를 만나지 못했어요.
노　라: 그럼 언제 데이트를 했어요?
리타오: 지난 주말에 데이트를 했어요.
그런데 여자 친구 기분이 좋지 않았어요.
노　라: 왜요?
리타오: ________어서/아서/여서 호텔 식당에서 ________지 못했어요.
노　라: 콘서트를 봤어요?
리타오: 아니요, 콘서트를 보지 못했어요.
노　라: 왜요? ________어서/아서/여서 콘서트를 보지 못했어요?
리타오: 아니요, ________어서/아서/여서 ________지 못했어요.
노　라: 여행을 갔어요?
리타오: 아니요, ________어서/아서/여서 ________지 못했어요.
노　라: 생일 선물을 줬어요?
리타오: 아니요.
노　라: 왜요? ________어서/아서/여서 ________지 못했어요?
리타오: 아니요, ________어서/아서/여서 ________지 못했어요.
내년에는 잘 준비할 거예요.

일　여자 친구　왜　주다

III. 써 봅시다

여러분은 지난 주말에 무엇을 했습니까? 무엇을 하지 못했습니까? 보기 와 같이 쓰고 발표하십시오.

보기

저는 지난 주말에 일이 많**아서** 에릭 씨 생일 파티에 가**지 못했어요**.
옷 가게에서 8시까지 아르바이트를 했어요.
저는 아르바이트를 하고 남자 친구를 만나고 싶었어요.
그렇지만 남자 친구가 바빠**서** 만나**지 못했어요**.
그래서 혼자 집에서 저녁을 먹고 텔레비전을 봤어요.

연습하기

생일 파티 남자 친구

1 달력을 보고 아래 단어들을 사용해서 보기 와 같이 이야기하십시오.

어때요?

어렵다 덥다
시끄럽다 춥다
아름답다
재미있다 맵다

어디에 가요?

극장
바다 백화점
도서관 운동장
공원

월요일	화요일	수요일	목요일	금요일	토요일	일요일
1	2	3	4 태권도	5 노래방	6 캠핑	7 등산
8	9 찜질방	10 외식	11 오늘	12 영화	13 수영	14 데이트
15	16	17	18	19 공부	20 축구	21 쇼핑
22	23	24	25	26	27	28
29	30	31				

보기

리나: 마크 씨, 지난주 토요일에 숙제를 했어요?
마크: 아니요, 숙제를 안 했어요.
리나: 그럼 뭘 했어요?
마크: 친구들과 캠핑을 했어요.
리나: 캠핑이 어땠어요?
마크: 재미있었지만 밤에 좀 추웠어요.
리나: 이번 주 토요일에는 뭘 할 거예요?
마크: 수영하러 바다에 갈 거예요.

태권도 노래방 찜질방 외식

2 주말에 무엇을 하지 못했습니까? 보기 와 같이 이야기하십시오.

이름	무엇을 하지 못했어요?	왜 하지 못했어요?	언제 할 거예요?
마크	청소	피곤하다	토요일
리나	영화	표가 없다	이번 주말
유진	수영	춥다	다음 달
하늘	숙제	어렵다	오늘 저녁
나			

보기

리나: 마크 씨, 지난 주말에 청소를 했어요?

마크: 아니요, 청소를 하지 못했어요.

리나: 왜 청소를 하지 못했어요?

마크: 피곤해서 하지 못했어요.

리나: 그럼 언제 청소를 할 거예요?

마크: 토요일에 할 거예요.

피곤하다 청소 이번 토요일

3 다음 질문으로 친구와 이야기하십시오. 그리고 보기와 같이 쓰고 발표하십시오.

- 지난 주말에 어디에 갔어요?
- 뭘 하러 ＿＿＿＿에 갔어요?
- 그곳이 어땠어요?
- 지난 주말에 뭘 하지 못했어요?

- 왜 ＿＿＿＿지 못했어요?
- 이번 주말에 어디에 갈 거예요?
- 뭘 하러 ＿＿＿＿에 갈 거예요?

보기

저는 지난 주말에 친구들과 캠핑을 하러 북한산에 갔어요.
북한산은 경치가 아주 아름다웠어요.
저는 캠핑을 처음 했어요. 밤에 좀 추웠지만 아주 재미있었어요.
마크 씨는 일이 있어서 같이 캠핑을 하러 가지 못했어요.
우리는 다음 달에 캠핑을 하러 갈 거예요. 마크 씨도 같이 갈 거예요.

북한산　경치　처음　달

문화

서울의 과거와 현재

'서울'은 조선시대부터 한국의 수도였습니다. 당시의 지명은 '한양'이었습니다. 과거 조선이 서울을 수도로 정할 때만 해도 지금의 종로구와 중구에 해당하는 지역만이 서울 땅이었습니다. 그 당시 서울은 북악산, 인왕산, 남산 등으로 둘러싸인 아늑한 분지였습니다.

오늘날 서울을 남북으로 가로지르는 한강은 1950년대 말까지만 해도 서울 남쪽 바깥을 흐르는 강이었습니다. 당시 한강에는 한강 철교와 한강 대교만 있어서 한강을 건너다니기가 쉽지 않았습니다. 그러다가 한강 남쪽에 도시가 개발되면서부터 한강의 북쪽과 남쪽을 잇는 다리들이 많이 놓이게 되었습니다. 1960년대 이후 서울은 대략 오늘날의 모습을 갖추게 됐습니다.

부록

색인

색인

어휘 색인

Japanese Version

새 연세한국어 말하기와 쓰기 1-1

별책부록

新しい延世韓国語 会話と書き

연세대학교 한국어학당 편

연세대학교 출판문화원

はじめに

延世大学の韓国語学堂は1959年に設立された韓国初の外国語としての韓国語教育機関である。延世大学の韓国語学堂はこれまでの歴史と名声に相応しく、様々な韓国語教材の編纂及び関連研究を行い、韓国語教育を先導してきた。これまで全世界から来た約147カ国の14万人に及ぶ韓国語学習者たちに韓国語と韓国文化を教えてきて、最近はオフラインの韓国語教育だけでなく、世界各国の韓国語学習者たちを対象にグローバルMOOC講座を開設して学習者たちから大きな反響を得ている。特に最近、早い速度で変化していく教育環境に合わせて新しい教授法と教授資料の開発に力を注ぐなど、弛まぬ努力をしている。

延世大学の韓国語学堂はこれまで一般目的の韓国語の学習者だけではなく、特殊目的の韓国語の学習者たちを対象に正規課程、短期課程、大学の韓国語課程など、多様な教育課程を開設及び運営しながら、学習者の要求に応える最上の教材を開発してきた。このような教材は国内外の韓国語教育機関で、教師と学習者たちの多様な要求を満足させ、良質の韓国語教授・学習のために広く使用されている。

延世大学韓国語学堂はこれまで最も大きな反響を受けてきた「延世韓国語」1級~6級の後を継ぐ新しい教材として「新しい延世韓国語」のシリーズを企画・出版することになった。この教材の開発のために韓国語教育現場の経験が豊富な専門の韓国語教育学者や教師らが大量に投入されたし、最上の韓国語教授法や学習者集団の要求についての理解をもとに開発作業が長期間に渡って遂行された。

今回出版された「新しい延世韓国語」のシリーズは全部6段階であり、各段階ごとに語彙と文法教材、会話と書き教材、聞き取りと読解教材で構成されている。「新しい延世韓国語語彙と文法」は韓国語の学習者たちが各々のレベルで最も必須的に身につけなければならない主要語彙と文法に対する理解と活用を中心に構成された。「新しい延世韓国語会話と書き」は、円滑な韓国語の意思疎通のために必ず必要な表現機能が遂行できるように会話、書きの課題を中心に構成された。また、「新しい延世韓国語聞き取りと読解」は聞き取りと読解の課題を中心に各々のレベルの習熟度に適切な理解能力を涵養させることができるように構成された。この3冊の教材は語彙・文法、表現、理解能力のバランスの取れた発 達を図るため、パッケージで共に使 用されることも可能であり、教育現場の環境や学習者のニーズに応じて別途で使われることもできる。また、語彙と文法教材の場合、別途の指針書が用意され、教育経験がやや不足した国内外の韓国語教師たちに役に立つ道しるべになれると考えられる。

延世大学の韓国語学堂はこれからも全世界の韓国語学習者たちのニーズと期待に応える教材開発のために最善をつくすつもりである。また、本教材が国内外で韓国語教育のために努力を惜しまない多くの教師と韓国語学習のために努力する全ての学習者たちに大いに役立ってほしい。

延世大学校言語研究教育院

韓国語学堂教材編纂委員会

凡例

1. この本は<新しい延世韓国語**語彙と文法1**>、<新しい延世韓国語**聞き取りと読解1**>と一緒に韓国語の初級学習者のための教材である。特に<新しい延世韓国語**語彙と文法1**>で習った文型と語彙を活用して、会話と書きの表現練習をすることができるように構成された。

2. この本は韓国語の初級学習者が韓国語で話し、書くことができる能力を育てるための表現能力の開発教材である。

3. この本は全部20課で各課は2つの項で構成され、合計40項がある。そして2つの課ごとに復習をすることができるように復習10項を構成した。各項はそれぞれ50分の授業の分量で、この本は合計50個の項で構成されている。そして2つの項ごとに韓国文化の紹介がある。

4. この本の各項は「題目、学習目標、準備してみましょう、話してみましょう、書いてみましょう」で構成された。復習の項は先行学習された2つの課の主題と機能、語彙と文法が活用できるように、3つの課題で構成されている。

5. この本の各課の題目は<新しい延世韓国語**語彙と文法1**>と同じである。各項の題目は当該項の内容の中で、学習目標を表すことができる代表的な文章を使用した。

6. 学習目標は「-について話すことができる、説明することができる、紹介することができる」のように、表現機能が表されるように記述した。

7. 「準備してみましょう」は各項のはじめに該当する。絵を提示して学習者の理解を助け、2つの質問を介して、各項の具体的な内容を予測してみることができるよう構成した。1課から5課までは2つの質問がすべて絵と関連するものである。6課から20課までは絵と関連する一つの質問と学習者の状況に合わせて答えることができる一つの質問で構成されている。

8. 「話してみましょう」は<新しい延世韓国語**語彙と文法1**>で勉強した内容を主題と関連して話してみることができる会話練習で構成されている。初級学習者の興味を引いて実際性を高めるように、目標の会話状況が現れる絵を提示した。また、学習者の理解を助けるために練習ごとに典型的な会話の例示を<例>で提示した。

9. 「書いてみましょう」は「書いて発表しなさい、話して書きなさい」のように、会話活動と書き活動を連携した練習で構成されている。会話の練習の対話だけでなく、書きの練習の例示も<例>で提示して、学習者に助けを与えようとした。

10. 「復習」は3つの練習で構成されている。先の2つの項で学んだ語彙と文法、主題を統合して長く話して書くことができる練習で構成されている。

11. 「文化」は韓国の文化を紹介し、関連する韓国語の表現を提示して学習者が活用できるように構成した。

12. すべての練習は学習者が自分の韓国語能力のレベルに合わせて多様に表現できるように、正解が一つではなく、開いている質問で構成した。また、自分の状況へ拡張して練習することができるように、一般的で典型的な状況を提示した。

13. 新しい語彙は当該のページの下に提示した。また、付録に新しい語彙の目録と当該の語彙が使用された項を提示して学習に助けを与えようとした。

単元構成

課	題目	学習目標	表現	文化
ハングル練習	母音練習1			
	子音練習1-4			
	パッチム練習1-2			
1課 挨拶と紹介	<1> 私はアメリカ人です	名前と国籍を話して自己紹介をすることができる	입니다 은/는[1]	
	<2> 私は学生ではありません	自分を紹介して職業を説明することができる	입니까? 이/가 아닙니다	挨拶の言葉
2課 品物	<1> あれが地図です	教室にある品物を紹介することができる	이, 그, 저 이/가	
	<2> 私は教科書があります	持っている品物を説明することができる	이/가 있습니다(없습니다) 도	
3課 学校	<1> 図書館がどこにありますか	学校の施設物の位置を説明することができる	에 있습니다(없습니다) 은/는[2]	
	<2> 教室が小さいです	学校の施設物について説明することができる	과/와(하고) -습니다, -습니까?	韓国の学校
4課 友達	<1> ユキさんが日本から来ました。	友達を紹介することができる	에서 오다 을/를	
	<2> ユキさんが家で音楽を聞きます。	多様な場所でやる事を説明することができる	에서 과/와 같이(하고 같이)	

課	題目	学習目標	表現	文化
5課 故郷	<1> 私は故郷に行きたいです。	やりたいことを説明することができる	에 가다 -고 싶다	年齢
	<2> 景福宮は静かで美しいです	場所と人の特徴を説明することができる	-지 않다 -고[1]	
6課 学校の生活	<1> 私は午前に韓国語を勉強します	時間を使用して日課を説明することができる	에[1] 부터 까지	
	<2> 椅子に座りなさい。	学校の生活について話すことができる	-으십시오 -을까요?[1]	
7課 食べ物	<1> 私は韓国料理が好きです	好きなものを話すことができる	무슨 ㄹ동사	韓国人の食事のマナー
	<2> 何人前を注文しましょうか	食べ物を注文し、食べ物について説明することができる	-을까요?[2] -읍시다	
8課 一日の生活	<1> 私は明日忙しくありません	日付と曜日を話すことができる	이에요 -어요	
	<2> 私は朝食を食べて学校に行きます	一日の日課を説明することができる	-고[2] ㄷ동사	

課	題目	学習目標	表現	文化
9課 週末	<1> 私は週末に友達とバスケットボールをします	週末の活動について話すことができる	-으러 -지만	ソウルの過去と現在
	<2> 私は家で休むつもりです	色々な計画を話すことができる	-을 거예요 ㅂ동사	
10課 過去のこと	<1> 私は昨年8月20日に韓国に来ました	過去のことを説明することができる	-었어요 안	
	<2> 仕事が多くて友達に会えませんでした	できなかった事を理由と共に説明することができる	-지 못하다 -어서[1]	

目次

1課 挨拶と紹介

<1> 私はアメリカ人です。

学習目標: 名前と国籍を話して自己紹介をすることができる。

語彙

국적 国籍
한국 韓国
미국 アメリカ
일본 日本
프랑스 フランス
인도 インド
씨 さん
호주 オーストラリア
브라질 ブラジル
이름 名前
중국 中国
영국 イギリス
자메이카 ジャメイカ
케냐 ケニア
사람 人
베트남 ベトナム
노르웨이 ノルウェー
안녕하십니까 こんにちは
처음 뵙겠습니다 はじめまして
제 私の
저 私
반갑다 お会いできてうれしい

<2> 私は学生ではありません。

学習目標: 自分を紹介して職業を説明することができる。

語彙

몽골 モンゴル
러시아 ロシア
무엇 何
나라 国
직업 職業
요리사 料理人
의사 医者
외교관 外交官
교수 教授
배우 俳優
친구 友達
그렇다 そうだ
이탈리아 イタリア
터키 トルコ
어느 どの
네 はい
축구선수 サッカー選手
은행원 銀行員
기자 記者
가수 歌手
대학원생 大学院生
누구 誰
아니요 いいえ

2課 品物

<1> あれが地図です。

学習目標: 教室にある品物を紹介することができる。

語彙

그것 それ
지우개 消ゴム
저것 あれ
이 この
그 その
우리 私たち
책상 机
시계 時計
이것 これ
그럼 それじゃ
지도 地図
모자 帽子
여기 ここ
교실 教室
교과서 教科書
선생님 先生

<2> 私は教科書があります。

学習目標: 持っている品物を説明することができる。

語彙

가방 かばん
필통 筆箱
지갑 財布
외국인 등록증 外国人登録証
돈 お金
휴지 ちり紙
없다 ない
방 部屋
공책 ノート
휴대 전화 携帯電話
연필 鉛筆
학생증 学生証
화장품 化粧品
있다 ある/いる
옷걸이 ハンガー
의자 椅子
침대 ベット

1課 - 2課 復習

文化 : あいさつの言葉

韓国語は状況によって使うあいさつの言葉がとても多様であります。あいさつをするときは、頭を下げてあいさつしながら言います。韓国の様々なあいさつの言葉を練習してみましょう。

상황 状況	인사말 あいさつの言葉
만났을 때 하는 인사말 会った時に使うあいさつの言葉	안녕하십니까? 잘 지내셨습니까?
헤어질 때 하는 인사말 別れる時に使うあいさつの言葉	안녕히 계십시오. 안녕히 가십시오.
고마울 때 하는 인사말 ありがたい気持ちを表す時に使うあいさつの言葉	고맙습니다. 감사합니다.
미안할 때 하는 인사말 すまない時に使うあいさつの言葉	미안합니다. 죄송합니다.
처음 만나는 사람에게 하는 인사말 はじめて会う人に使うあいさつの言葉	처음 뵙겠습니다. 만나서 반갑습니다.
식사 때 하는 인사말 食事をする時に使うあいさつの言葉	잘 먹겠습니다. 잘 먹었습니다.
손님이 왔을 때 하는 인사말 お客さんが来た時に使うあいさつの言葉	어서 오십시오.
잠자기 전에 하는 인사말 寝る前に使うあいさつの言葉	안녕히 주무십시오.

3課 学校

<1> 図書館がどこにありますか。

学習目標: 学校の施設物の位置を説明することができる。

語彙

도서관 図書館
수영장 プール
식당 食堂
병원 病院
기숙사 寮
어디 どこ
커피숍 コーヒーショップ
강당 講堂
사무실 事務室
층 階
학교 学校
위 上
학생회관 学生会館
은행 銀行
서점 書店
정문 正門
한국어학당 韓国語学堂
앞 前
편의점 コンビニ
복사실 コピー室
컴퓨터실 コンピュータ室
집 家
옆 横
뒤 後

<2> 教室が小さいです。

学習目標: 学校の施設物について説明することができる。

語彙

체력 단련실 ジム
운동장 運動場
농구장 バスケットボールコート
축구장 サッカー競技場
학생 学生
적다 少ない
시원하다 涼しい
크다 大きい
샤워실 シャワールーム
작다 小さい
많다 多い
아주 とても
신촌 新村
우체국 郵便局

4課 友達

<1> ユキさんが日本から来ました。

学習目標: 友達を紹介することができる。

語彙

극장 劇場
보다 見る
누가 誰が
우유 牛乳
뉴욕 ニューヨーク
한국말 韓国語
들 たち
반 クラス
문 門
마시다 飲む
회사원 会社員
공부하다 勉強する

<2> ユキさんが家で音楽を聞きます。

学習目標: 多様な場所でやる事を説明することができる。

語彙

체육관 体育館
꽃집 花屋
게임 ゲーム
꽃 花
아르바이트하다 アルバイトする
음악 音楽
공부 勉強
밥 ご飯
동생 弟
읽다 読む
숙제 宿題
피시방 インターネットカフェー
빵집 パン屋
운동하다 運動する
사다 買う
듣다 聞く
혼자 一人で
먹다 食べる
책 本
숙제하다 宿題する

3課 - 4課 復習

3課 – 4課 語彙

컵 カップ
달력 カレンダー
수건 タオル
이불 布団
분 方
일하다 働く
신문 新聞
배우다 習う
근처 近所
하숙집 下宿
커피 コーヒー
백화점 デパート
베개 枕
슬리퍼 スリッパ
양말 靴下
아래 下
회사 会社
호텔 ホテル
그리고 そして
가르치다 教える
보통 普通
조용하다 静かだ
한국어 韓国語

文化:韓国の学校

韓国の学校は基本的に小学校6年、中学校3年、高校3年、大学4年の6-3-3-4の学際です。小学校と中学校は国の義務教育課程であり、小学校は普通満7歳に入学します。

すべての学校が3月に新学期を開始し、翌年の2月初めに1年のコースが終了します。1年に二学期があり、夏休み、冬休み、春休みがあります。

韓国人が「학생입니까?(学生ですか。)」、「어느 학교에 다닙니까?(どの学校に通いますか。)」、「몇 학년입니까?(何年生ですか。)」と尋ねると「대학생입니다.(大学生です。)」、「연세대학교에 다닙니다.(延世大学校に通っています。)」「1학년입니다.(1年生です。)」と答えて下さい。

학교学校	학년学年
어린이집/유치원 保育園/幼稚園	

초등학교 小学校	1학년
	2학년
	3학년
	4학년
	5학년
	6학년
중학교 中学校	1학년
	2학년
	3학년
고등학교 高校	1학년
	2학년
	3학년
대학교 大学校	1학년
	2학년
	3학년
	4학년

5課 故郷

<1> 私は故郷に行きたいです。

学習目標: やりたいことを説明することができる。

語彙

서울역 ソウル駅
가다 行く
경주 慶州
가족 家族
오사카 大坂
음식 食べ物
지금 今
고향 故郷
제주도 済州道
여행 旅行
만나다 会う
이야기하다 話す

<2> 景福宮が静かで美しいです。

学習目標 : 場所と人の特徴を説明することができる。

語彙

서울 ソウル
경복궁 景福宮
공항 空港
한라산 漢拏山
속초 束草
바다 海
호수 湖
해운대 海雲臺
아름답다 美しい
산 山
나폴리 ナポリ
맛있다 おいしい
외국 外国
빨리 早く
롯데월드 ロッテワールド
인천 仁川
차이나타운 チャイナタウン
해수욕장 海水浴場
설악산 雪岳山
불국사 仏国寺
부산 釜山
시장 市場
어떻다 どうだ
춥다 寒い
날씨 天気
피자 ピザ
좋아하다 好きだ

6課 学校の生活

<1> 私は午前に韓国語を勉強します。

学習目標: 時間を使用して日課を説明することができる。

語彙

몇 何
일어나다 起きる
오후 午後
컴퓨터 コンピューター
저녁 夕食
오다 来る
자다 寝る
시 時
오전 午前
아르바이트 アルバイト
점심 昼食
운동 運動
김밥 のり巻き

<2> 椅子に座りなさい。

学習目標: 学校の生活について話すことができる。

語彙

앉다 座る
음악회 音楽会
호 号
얼마 いくら
준비하다 準備する
콘서트 コンサート
버스 バス
번 番
죄송하다 申し訳ない
분 分
표 チケット
원 ウォン
물 水
어떻게 どうやって
타다 乗る
과자 お菓子

5課 - 6課 復習

5課 – 6課 語彙

시험지 試験紙
쓰기 시험 書き試験
시험을 보다 試験を受ける
여러분 皆さん
구경하다 見物する
좋다 良い
남산 南山
동대문시장 東大門市場
날마다 毎日
공기 空気
쓰다 書く
듣기 시험 聴解試験
잘 よく
주말 週末
한강 漢江
자전거 自転車
인사동 仁寺洞
홍대 弘大
수영 水泳
따뜻하다 暖かい

文化:年齢

韓国では子供が生まれたら一歳になります。そして年が変わるたびに1歳ずつ多くなります。

それで、韓国で年齢を尋ねる時「몇 살입니까?(何歳ですか。)」または「한국 나이로 몇 살입니까?(韓国の年齢で何歳ですか。)」と質問します。これは韓国の年齢が他の国で言う年齢とちょっと違うからです。

目上の人には「연세가 어떻게 되십니까?(年齢がおいくつになりますか。)」と質問します。年齢を話す時は「____살입니다.(～歳です)」と言います。

7課 食べ物

<1> 私は韓国料理が好きです。

学習目標: 好きなものを話すことができる。

語彙

무슨 どんな
딸기 いちご
한식 韓国料理
맛 味
맵다 辛い
한식집 韓国料理店
살다 住む
깨끗하다 きれいだ
가끔 たまに
만들다 作る
알다 知る
쇼핑 ショッピング
과일 果物
자주 よく
닭갈비 タッカルビ
조금 少し
요즘 この頃
칼국수 カルグクス
멀다 遠い
달다 甘い
불고기 プルコギ
노래 歌
놀다 遊ぶ

<2> 何人前を注文しましょうか。

学習目標: 食べ物を注文し、食べ物について説明することができる。

語彙

떡볶이 トッポッキ
짜다 塩辛い
탕수육 酢豚
그렇지만 でも
라면 ラーメン
김치찌개 キムチチゲ
스파게티 スパゲッティ
샌드위치 サンドイッチ
콜라 コーラ
주문하다 注文する
드리다 差し上げる
간장 게장 カンジャンケジャン
팥빙수 パッピンス
시다 すっぱい
그럽시다 そうしましょう
냉면 冷麺
갈비탕 カルビタン
치킨 チキン
녹차 緑茶
인분 人前
종업원 従業員
그래서 それで

8課 一日の生活

<1> 私は明日忙しくありません。

学習目標: 日付と曜日を話すことができる。

語彙

현충일 顕忠日
언제 いつ
일 日
일요일 日曜日
시간 時間
목요일 木曜日
감사 편지 感謝の手紙
생일 誕生日
월 月
요일 曜日
내일 明日
며칠 何日
선생님 날 先生の日

<2> 私は朝食を食べて学校に行きます。

学習目標: 一日の日課を説明することができる。

語彙

학원 じゅく
비가 오다 雨が降る
닫다 閉める
선물 プレゼント
산책 散歩
옷 가게 服屋
나이 お年
차 車
영어 英語
창문 窓
잘하다 上手だ
기분 気分
쯤 ごろ
사장님 社長
전화번호 電話番号
기다리다 待つ

7課 - 8課 復習

7課 – 8課 語彙

파티 パーティ
유자차 ゆず茶
허브티 ハーブティー
인삼차 人参茶
카페 カフェー
명동 明洞
케이팝 ケイ・ポップ
차 お茶
장미꽃 バラ
홍차 紅茶
화요일 火曜日
월요일 月曜日
밤 夜

文化:韓国人の食事のマナー

韓国人と食事をする時には守らなければならマナーがあります。

食事をする前に「잘 먹겠습니다.(いただきます。)」と挨拶をした後にご飯を食べます。食べ終わった後には「잘 먹었습니다.(ごちそうさまでした。)」と挨拶をします。目上の人と一緒にご飯を食べる時には、目上の人が先に食べ始めたらスプーンと箸を持ちます。

目上の人がグラスにお酒を注いでくださる時には杯を両手で持ち酒を受けます。目上の人の前でお酒を飲む時には体を少し横に向けて飲みます。目上の人に水やお酒を注いで差し上げる時にも水のびんやお酒のびんを両手で持ち丁寧に注いで差し上げます。

9課 週末

<1> 私は週末に友達とバスケットボールをします。

学習目標: 週末の活動について話すことができる。

語彙

농구 バスケットボール
힘들다 大変だ
요리 料理
물건 品物
싸다 安い
재미있다 面白い
좀 ちょっと
생선 魚
값 値段
일식 和食

<2> 私は家で休むつもりです。

学習目標: 色々な計画を話すことができる。

語彙

캠핑 キャンプ
데이트 デート
이천 利川
도자기 陶磁器
쉽다 易しい
스노클링 シュノーケリング
졸업식 卒業式
결혼식 結婚式
스키장 スキー場
결혼 結婚
스키 スキー
요가 ヨガ
등산 登山
가깝다 近い
만들기 作り
평창 平昌
낚시 釣り
언니 姉
휴가 休暇
올해 今年
덥다 暑い

10課 過去のこと

<1> 私は昨年8月20日に韓国に来ました。

学習目標: 過去のことを説明することができる。

語彙

어제 昨日
지난 この前
축구 サッカー
작년 昨年
생활 生活
드라마 ドラマ
공원 公園
재미없다 面白くない
내년 来年
열심히 一生懸命

<2> 仕事が多くて友達に会えませんでした。

学習目標: できなかった事を理由と共に説明することができる。

語彙

일 仕事
왜 なぜ
생일 파티 誕生日パーティー
여자친구 彼女
주다 あげる
남자친구 彼氏

9課 - 10課 復習

9課 – 10課 語彙

태권도 テコンドー
찜질방 サウナ
피곤하다 疲れる
이번 今度
북한산 北漢山
처음 はじめて
노래방 カラオケ
외식 外食
청소 掃除
토요일 土曜日
경치 景色
달 月

文化:ソウルの過去と現在

「ソウル」は朝鮮時代から韓国の首都でした。当時の地名は「한양(ハニャン)」でした。過去、朝鮮がソウルを首都に定める時は今の鍾路区と中区に該当する地域のみがソウルでした。その当時のソウルは北岳山、仁王山、南山などに囲まれた居心地の良い盆地でした。

今日のソウルを南北に横切る漢江は1950年代末まではソウルの南の外を流れる川でした。当時の漢江には漢江鉄橋と漢江大橋のみがあって、漢江を渡るのが容易ではなかったです。そうするうちに、漢江の南に都市が開発されはじめてから漢江の北と南をつなぐ橋がたくさんできました。1960年代以降、ソウルは今日の姿を備えることになりました。